LA CIENCIA DE LOS CHAKRAS

Camino Iniciático Cotidiano

Daniel BRIEZ

LA CIENCIA
DE LOS
CHAKRAS

Camino Iniciático Cotidiano

Grupo Editorial Tomo, S.A. de C.V.
Nicolás San Juan No. 1043
03100 México, D.F.

1.ª edición, febrero 2001.
2.ª edición, noviembre 2004
3.ª edición, agosto 2007.
4.ª edición, junio 2011.
5.ª edición, mayo 2014.
6.ª edición, octubre 2015.
7.ª edición, enero 2017.
8.ª edición, enero 2018.

© *La Science des Chakras: Voie iniatique du quotidien*
Daniel Briez

© Copyright Ottawa 1994
Les Éditions de Mortagne
Case postale 116, Boucherville (Québec), J4B 5E6

© 2018, Grupo Editorial Tomo, S. A. de C. V.
Nicolás San Juan 1043, Col. Del Valle
03100, Ciudad de México.
Tels. 5575-6615, 5575-8701 y 5575-0186
Fax. 5575-6695
www.grupotomo.com.mx
ISBN: 970-666-339-8
Miembro de la Cámara Nacional
de la Industria Editorial N.° 2961

Traducción: Pilar Quintana
Diseño de portada: Karla Silva
Formación tipográfica: Servicios Editoriales Aguirre, S. C.
Supervisor de producción: Leonardo Figueroa

Este libro se publicó conforme al contrato establecido entre
Les Éditions de Mortagne y *Grupo Editorial Tomo, S. A. de C. V.*

Impreso en México - *Printed in Mexico*

*Este libro está dedicado
a los Maestros y a los Niños de la
Luz que nacen hoy en día.*

Contenido

Agradecimientos

Quisiera agradecerle a todas las personas que se cruzaron en mi camino y que me aportaron los maravillosos regalos de amor que permitieron la elaboración de esta obra.

Antes que nada a mi padre y mi madre, René y Lucienne, por haberme permitido encarnar, realizar la experiencia maravillosa que ha sido mi vida hasta ahora y sobre todo por haberme dado el ejemplo de la Fuerza del Amor, que se manifestó a través de sus cuarenta años de vida en común.

A mi hermano Sergio, por haber sido el primero en enseñarme, cuando todavía era adolescente, que existían otros "mundos" tras la "apariencia".

A mi hermana Annie y mi cuñado Patrick Mimouni, así como a sus hijos, Sandrine y Aurélie, por la ayuda que me brindaron durante el periodo más difícil de esta profunda transformación.

Al Padre Némoz, ahora fallecido, que me transmitió un maravilloso mensaje de confianza en mí mismo, en una época que me hacía tanta falta.

Al doctor Jacques Abeillon, por la presencia y la atenta ayuda que me brindó, durante el profundo periodo de transformación que me llevó a escribir este libro.

A Karine Daelen y a Christiane Tonelli, cuya presencia afectuosa y cariñosa me permitió superar las pruebas más profundas de mi vida.

A Marie-France Blachère, que me permitió conocer el "camino de los colores".

A los Maestros y los Guías que me acompañan en este camino del desarrollo que continuamente se renueva.

Por último, a mi compañera, Nadine Sanchez, cuya intuición, presencia, amor y gran paciencia permitieron que se realizara este libro.

Gracias a todos. Los amo.

Prefacio

La redacción del primer libro se puede comparar con la concepción de un niño. Primero tiene la fase de preparación, donde se toma la decisión (en la mayoría de los casos) de concebir al niño. Después sigue la fase de la concepción, seguida por el embarazo, que por último termina con el alumbramiento de un nuevo ser.

Mi vida se parece un poco a esto. Dediqué los treinta y seis primeros años a perderme en una "bulimia" de actividades profesionales, pensando que la realización personal no podía adquirirse más que por medio del logro profesional y el reconocimiento social.

Fue una vida de intenso trabajo y de viajes al exterior. Así me crucé con un buen número de colegas que perseguían la misma utopía que yo y también se sentían "mal en su pellejo".

Sin embargo, durante este periodo tuve la oportunidad de encontrar algunas personas (¿la "casualidad" no pone en nuestro camino algunos de sus "mensajeros divinos"?) que me transmitieron "mensajes" que no lograba descifrar. No los comprendí hasta años después y le agradezco a estos "ángeles de la guarda" haberme ayudado a hacerlo.

En ese momento me encontraba en Asia, más exactamente al norte de Tailandia, donde fui golpeado por algo que me trastornó. Encontraba gentes sumamente pobres, según nuestro criterio occidental, pero que eran felices. No poseían nada, pero lo que más me impresionaba de ellos, es que no manifestaban ningún deseo por los bienes materiales. Siempre tenían una sonrisa y un extraordinario sentido de la hospitalidad; eran capaces de dar todo, simplemente por estar ahí. Ahí recibí una gran lección de humildad y a partir de ese momento, me puse a observar el mundo y el sistema de pensamiento occidental y materialista con otra visión. Más tarde, mucho más tarde, comprendí que existía otro tipo de riqueza y de dicha a la que yo conocía: era una riqueza del "interior".

Una hermosa mañana de octubre de 1990, agobiado por las dificultades económicas y cansado de luchar, tomé la decisión de declarar en quiebra la sociedad que administraba. Era el hundimiento de diecisiete años de trabajo, el final de la carrera de la ilusión: había intentado encontrar la felicidad a través de una vida materialista.

De la noche a la mañana, me encontraba sin recursos y descubría el verdadero sentido de las palabras "dinero", "amistad" y "familia". Mi hermana Annie y mi cuñado Patrick tuvieron la gran gentileza de recibirme.

El aplazamiento en cuestión fue muy doloroso. Estaba desorientado, deprimido, incapaz de reconocer mi propio valor e incapaz de saber si lo volvería a encontrar algún día, si comprobaba haber tenido alguno.

Mi paso hacia delante había cesado: el dinamismo se había agotado. Sentía que de ninguna manera, podría volver a emprender alguna actividad profesional sin haber comprendido lo que había en mí y por qué no llegaba a tener acceso a la felicidad y a la armonía.

Enero de 1991 marca el punto de partida de una búsqueda personal emprendida con la misma energía que pude haber aplicado en mi vida profesional. Esta búsqueda se termina ahora, con la redacción de esta obra.

Mi primer paso fue algo que nunca había hecho: pedir la elaboración, a una astróloga que me habían recomendado, de mi carta natal. Fue una gran ayuda. Así pude comprender una parte de las energías que habitaban en mí y sobre todo quitarme las culpas relacionadas con ciertas cosas que me reprochaba desde hacía muchos años.

Tenía una necesidad imperiosa de comprender el sentido de esta existencia a partir del conocimiento de mis vidas anteriores. ¿Qué fue lo que pudo haberme conducido a los sucesos que vivía? Sentía muy en el fondo de mi ser que las causas no podían ser sólo una consecuencia de esta vida. Otros parámetros le pertenecían a mis vidas pasadas y tenía que descubrirlos.

Entonces se produjo, sin la necesidad de hacer nada, una apertura espontánea de mis recuerdos. A partir de ese momento pude captar el motivo de que mi alma hubiera escogido experimentar esta vida y cuáles eran las causas fundamentales de los sucesos que vivía. En gran parte se eliminó la culpabilidad y pude iniciar la fase que iba a demostrar ser decisiva para esta vida.

Volví a establecer contacto con la energía de los cristales –con la que me había familiarizado en diferentes momentos de mi existencia y en especial en 1985–, con un hombre que considero como mi padre espiritual, Pierre Basquin. Desde entonces desgraciadamente nuestros caminos se separaron, pero le debo que me haya permitido integrar la "teoría" de la encarnación y unir los innumerables elementos del "rompecabezas" que había en mí. Pierre fue quien me reveló este Mundo de los Cristales, pero hasta años después descubrí que eran la clave de mi encarnación actual.

Queriendo saber más del tema, me metía en cuerpo y alma en la lectura de todos los libros que podía encontrar sobre la Tradición esotérica, el trabajo de los Chakras, etc. La lectura siempre ha sido para mí una fuente de placer y de conocimientos. Desde los cinco años, ésta me ayudó a volver a equilibrar y a concederle un descanso a mi mente "confundida". Sin embargo, debo reconocer que al principio no comprendía gran cosa de toda la información que leía, el lenguaje que se utilizaba me parecía muy hermético.

Fue entonces cuando escuché hablar de una terapeuta que vivía a diez kilómetros de la casa de mi hermana y mi cuñado, que trabajaba con los colores y los cristales. Hice una cita con ella para obtener información sobre su método de trabajo.

Fue el choque de mi vida. A modo de cristales, (de hecho, no era su especialidad) me encontraba ante un Arco Iris de pequeñas botellas de colores. En cuanto entré a la sala de consulta, caí en un estado catatónico. Es como si hubiera recibido un extraordinario puñetazo en el plexo solar. Me quedé un rato sin poder respirar ni hablar. Tenía lágrimas en los ojos.

Lo que veía era un instrumento de terapia originado en Inglaterra por Vicky Wall compuesto de frascos con aceites de colores, de "perfumes de colores" permitiendo volver a armonizar energéticamente a las personas que iban a consulta.

Marie France tuvo la gentileza de dedicarme mucho de su tiempo durante algunos meses, lo que me permitió recorrer un gran camino con mucha rapidez.

Gracias, Marie France.

Pasé varias semanas en su compañía en Tetford, donde se encuentra la sede de la sociedad Aura-Soma en Inglaterra, con el objetivo de trabajar conmigo mismo. En ese momento, no pensé que algún día sería llevado a hablar de estas pequeñas "botellas" y que éstas serían las que me empujarían a escribir libros.

Fue un periodo muy intenso y sumamente doloroso para mí, porque tomé conciencia de todos los obstáculos que había erigido en mi interior. Creo que durante esas semanas, derramé todas las lágrimas que había reprimido durante más de treinta y siete años.

En este aspecto, le debo un eterno reconocimiento a Mike Booth, quien me acompañó en este viaje al interior de mí mismo, cuando él debía enfrentar una transición difícil para todo el equipo de Aura-Soma, ya que Vicky había fallecido unas semanas antes.

Gracias, Mike. De todo corazón.

Cuando regresaba a Francia, viví una fantástica aceleración de los sucesos. Por fin pude volver a empezar a trabajar y a recuperar cierta autonomía económica. Fue en junio de 1991.

En septiembre del mismo año, volví a encontrar a la que conocía desde muchas encarnaciones: Nadine, la musa de mis días, la tierna compañera de este camino de crecimiento, la amiga cariñosamente presente durante las fases de duda y de cuestionamiento. Sin la que nada de lo que constituye actualmente mi vida existiría.

En octubre, asistí a una conferencia sobre los colores dada por un "eminente" psicoterapeuta, pero me salí antes de que terminara, con muchos más participantes. Me sentía enfermo, al haberme desequilibrado por completo en el plano energético por la utilización de técnicas de visualización incoherentes y mal integradas. Fue el "empujón" que me decidió a "dar el salto".

Un mes después, daba mi primera conferencia, que había titulado "charla", estaba tan nervioso. Hubo quince personas. Le siguió la conformación del primer grupo de trabajo sobre los colores que había expuesto. Desde ese momento, las cosas se aceleraron: formación de otros grupos, programa de conferencias, etc. y por último, en ese mes de agosto de 1993, este primer libro y la fundación de una escuela iniciática animada por un consejo de administración de diez personas, la *Escuela Atlantea*.

Este "movimiento", que podría llamar "aceleración kármica", me dio la posibilidad de integrar una infinidad de parámetros, especialmente a través de una increíble transformación física (veinte kilos menos, cambio de una alimentación carnívora a una alimentación vegetariana), psíquica y espiritual.

Antes que nada me di cuenta que el hombre no podía, bajo "pena de muerte", ser cortado de su dimensión espiritual.

Había abordado la ciencia esotérica con un profundo pragmatismo, heredado de mi vida profesional. Pero gradualmente comprendí la profunda necesidad que tenían las personas de encontrar un nuevo sistema de referencias. Un sistema que estaría basado en la experiencia personal de cada uno de nosotros, fuera de las escuelas, las religiones o las filosofías, un sistema que enfrentaría directamente la realidad cotidiana, que no se perdería en las "elevadas nebulosas".

Rápidamente se infundió en mí la necesidad de transmitir la experiencia banal de un hombre como todos los demás, que posiblemente tuvo la oportunidad de encontrar un hilo conductor y que podía intentar compartir con otros su visión simple de las grandes Leyes Cósmicas.

Mi camino se realizó en cuatro etapas. Primero fue la fase donde los sucesos de la vida me hicieron madurar, como un vino que toma cuerpo al envejecer. Después donde reflexioné en la causalidad de los sucesos y tomé conciencia de varios parámetros sumamente importantes para mí. Luego donde experimenté esta nueva percepción. Al final llegó el nacimiento del hombre nuevo, al que pienso que por lo menos luego le seguirán, otros nacimientos.

La obra actual es el fruto de este nacimiento. Si permite que algunas personas recorran el camino con un poco más de facilidad y menos sufrimientos e incertidumbres, el objetivo que se pretendió se habrá logrado.

¡Gracias por su atención!

Daniel BRIEZ

Capítulo I

La ciencia de los Chakras
CAMINO INICIÁTICO COTIDIANO

¿**P**or qué este título? La comprensión de las Leyes y los mecanismos que gobiernan el paso de las energías a través de los Chakras nos permite "*volvernos* a enseñar" y "*devolvernos*" la percepción que hemos perdido, muchas veces desde hace mucho tiempo, de nuestro lugar en el Universo, así como nuestro papel y responsabilidad en relación con éste.

Al seguir este camino, vamos a entrar poco a poco en la conciencia de cada Chakra. Cuando hayamos asimilado las enseñanzas relacionadas con cada uno, perderemos nuestra dualidad, que es el proceso de "separación" de la Divinidad. Al término de este camino, llegaremos al Chakra Coronario, que representa el regreso al Universo, la comprensión de Todo-en-Uno, la reintegración de nuestra identidad con el Todo.

¿Por qué hablar del camino iniciático cotidiano?

Por varias razones, siendo la primera que no puede evitarse que pase por una integración de las energías sobre el plano físico, ningún proceso que apunte hacia la reconciliación del hombre con la Divinidad. Será muy valioso y muy satisfactorio para la mente emprender un camino intelectual en este sentido, pero esto no traerá ninguna transformación en nuestra vida y en nuestro estado de armonía.

Sin embargo, es indispensable integrar las energías universales en el plano físico, por medio de ejercicios prácticos y la comprensión sucesiva que apunte hacia la asimilación de las energías presentes. Para poder comprender el Plan Universal, primero hay que comprender los mecanismos que gobiernan nuestro cuerpo físico y las energías que transitan por él. Así, poco a poco podremos tener acceso, por la Ley Cósmica de la Analogía, a la comprensión del Plan Divino.

Entonces podemos hablar de iniciación ya que, en el transcurso de un proceso evolutivo de aprendizaje de nuestro propio cuerpo y de las energías, llegaremos a ciertos niveles y a ciertas puertas que tendremos que cruzar para seguir en este camino real. Al hacerlo, algunas veces será necesario que busquemos la ayuda de un instructor. Pero no hay que preocuparse por el descubrimiento o la elección de éste.

Las Leyes Universales están hechas de tal modo que en el momento que tengamos la necesidad, se cruzará en nuestro camino el ser que necesitamos para seguir nuestra evolución.

La regla a seguir debe ser la fe y la confianza absolutas en la Divinidad.

Gracias a esta "liberación de conciencia", todo se nos dará para realizar nuestra evolución, cuando este sea el momento.

LA INICIACIÓN, EN LA ACTUALIDAD

La superación de estos niveles, especialmente los cuatro primeros, es una verdadera iniciación ya que hay una integración de los cuatro elementos que componen nuestro cuerpo físico. Sin embargo, quisiera especificar algo aquí, que me parece muy importante para la era que se anuncia, con respecto a la Iniciación.

Antes, la Iniciación era un proceso individual que se efectuaba por medio de una relación privilegiada entre el Maestro y el Discípulo; tenía un carácter oculto, elitista.

Hoy en día, los Maestros nos enseñan a pasar la Iniciación en grupo. Entonces los discípulos forman grupos de estudio y de trabajo que se encaminan juntos sobre el Camino del Conocimiento. Es una gran oportunidad para la humanidad que entre nosotros un número mayor tenga este acceso a las enseñanzas que antes estaban reservadas a los miembros de las escuelas ocultas o iniciáticas.

Actualmente presenciamos una aceleración de la transmisión de estas enseñanzas, que antes se espaciaban durante toda una vida, incluso en varias vidas.

Hoy en día el proceso se acelera considerablemente y en algunos años, incluso en algunos meses, algunos de nosotros podemos pasar esta Iniciación.

Así, la humanidad desde ahora tiene a su disposición las herramientas que le permiten transmutar cierto número de parámetros, que vamos a estudiar a lo largo de este libro.

Entonces podemos hablar de un verdadero "camino iniciático cotidiano", porque se trata de la utilización diaria de estas energías y la comprensión de las energías que nos gobiernan y gobiernan todo el Universo. Nuestro ser volverá a salir transformado y en un estado de armonía total.

Capítulo II

Introducción a la
ciencia de los Chakras

Nuestra historia está grabada en todos nuestros componentes físicos, mentales y espirituales. Este bagaje está enlazado a nuestras experiencias, pero también a nuestra herencia genética y genealógica. De este hecho recibimos una percepción deformada de "nuestra" realidad, lo cual anula nuestras oportunidades de vivir realmente en el "Aquí y el Ahora".

Los múltiples sucesos vividos en el transcurso de nuestras encarnaciones nos han llevado a erigir una estructura energética formada por conjuntos compuestos con creencias y arquetipos emocionales que han desembocado en una forma de percepción, personal y única. Esta relación privilegiada con el Universo es la que nos permite avanzar en el camino de la conciencia. Por lo tanto, el hombre que anhela desarrollarse conscientemente debe analizar sus propios componentes, con el fin de bloquear una parte de su historia y conocerse a sí mismo. De ese modo, sintonizará con la vibración de los arquetipos divinos que son una expresión de las Leyes Universales.

Esta "alineación" de nuestro ser vibratorio con las Leyes Cósmicas nos permitirá recuperar la Unidad con la Divinidad, dicho de otro modo, de volverse un ser realizado. A través de un gran

21

número de fases intermedias, simplemente habremos logrado un estado de armonía y de felicidad. Sin embargo, esta búsqueda no puede efectuarse solo. En efecto, nuestro mundo materialista, con su sistema de educación y sus esquemas sociales, nos ha separado de nuestra dimensión espiritual y nos ha convertido en "hombres mutilados".

Un análisis personal, realizado solo o con la ayuda de algún método de observación científica del cuerpo o del comportamiento humano, no puede darnos más que una comprensión incompleta de una parte de nuestro ser: la dimensión "materia", tomada aquí en un sentido físico y psicológico, es decir haciendo una abstracción total de su realidad como representación de las energías cósmicas.

Entonces es necesario recurrir a una enseñanza espiritual o esotérica para poder restituirle su unidad a nuestro Ser Interior y permitirle volver a encontrar los fundamentos, los fines y las fuentes que le precedieron a su creación.

El estudio, el análisis, la comprensión y la integración de la Ciencia de los Chakras responden a las dos necesidades actuales del mundo occidental:

1) La necesidad de enlazar las Leyes Universales que nos gobiernan a una dimensión más material, más física de nuestro ser, con el fin de poder experimentar los esquemas que nos definen.

2) La necesidad de "volver a encontrar" una vía espiritual fuera de las religiones o de las grandes corrientes filosóficas, las cuales han demostrado su incapacidad para poder responder, en este fin de siglo, a la espera del hombre del mañana.

La Ciencia de los Chakras es una medicina del siglo XXI que le permitirá a cada uno crear su propia "religión" ("religión" tomada aquí con un sentido etimológico: del latín *religare*, que significa "reunir"). Esto nos permitirá "reunirnos", "volver a unirnos" al Plan Divino. Esta *re*-unión nos hará comprender porqué hemos elegido este ciclo de encarnación y este tipo de experimentación. Entonces podremos llevar a cabo el objetivo profundo de este camino: *re*unir nuestro ser físico con nuestro ser divino y *re*unir la Materia a la Divinidad.

Somos muchos, en la hora actual, los que hemos aprovechado la importancia de esta ciencia y muchas las obras que, unas tras otras, han aportado su piedra al edificio del conocimiento. La obra presente propone al respecto:

1) Un enfoque simbólico de los Chakras, gracias al cual cada uno podrá enlazarse nuevamente a la energía de los arquetipos correspondientes, con la ayuda de la meditación. Así producirá una energía de *re*armonización entre su ser energético y las Leyes Cósmicas; será una verdadera ciencia energética;

2) Un enfoque técnico que, por una experimentación científica y personal, nos hará tomar conciencia de los mecanismos de funcionamiento de estas energías y la forma de estabilizarlas.

3) Un enfoque práctico, a partir de ciertos ejercicios, que nos ayudará a adquirir un modo de actuar virtual en la *re*armonización de estas energías.

Capítulo III

Los diferentes Planos de Conciencia

(O CUERPOS)

Antes de empezar nuestro estudio sobre los Chakras, necesitamos volver a colocar nuestro ser dentro del Cosmos. Por lo tanto, vamos a intentar definir de qué manera nos percibe el Universo y cómo entra en comunicación nuestro ser vibratorio con él.

Para hacerlo, vamos a definir los diferentes planos de la conciencia que comúnmente llamamos cuerpos. Representan un "puente" vibratorio, un "camino" de la conciencia entre nosotros –como seres físicos o "vehículo" físico– y el Universo.

Por lo tanto vamos a recordar ciertas nociones relacionadas con la biología esotérica que han sido tomadas de diferentes obras. Nos parece realmente importante definir claramente estos puntos, antes de abordar el estudio de los Chakras.

Toda la información esotérica o espiritual hace referencia a una jerarquía de energías sutiles que componen al ser humano-divino. Estas energías, llamadas comúnmente "cuerpos", corresponden igualmente a los niveles de conciencia que nos permiten comprender y, eventualmente, "ver" estos cuerpos. Estos niveles de conciencia nos dan las "claves" para comprender estas formas y sus diferentes manifestaciones a través de los colores, los sonidos o la luz que reflejan los fenómenos físicos, emocionales o mentales que nos animan.

Según las grandes enseñanzas ocultas, el hombre posee un cuerpo de manifestación (o vehículo), llamado "cuerpo físico" y este cuerpo se reproduce en siete niveles de conciencia superiores. Tomando un ejemplo sencillo de visualización, imaginen las muñecas rusas que encajan unas en otras, la más grande contiene a todas las demás. Es en cierto modo como la imagen de estos cuerpos y de su interacción.

Tres de estos niveles de conciencia forman el Yo inferior o Personalidad; otros tres forman el Yo superior y el cuarto sirve de enlace entre estos dos planos.

Ahora vamos a intentar definirlos.

EL CUERPO FÍSICO

El cuerpo físico constituye el plano más denso de la manifestación. Es la reproducción del macrocosmos, a nivel de microcosmos. Esta noción algunas veces es un poco difícil de "digerir" porque somos materialistas, pero nuestro cuerpo es la imagen holística del Universo.

Dicho de otro modo, la comprensión y el análisis de las experiencias o de los fenómenos físicos que vivimos cotidianamente pone a nuestra disposición la herramienta principal y fundamental para cualquier comprensión del Universo. Esta afirmación puede parecer insensata o incomprensible para el estudiante que está iniciándose en las ciencias ocultas. Pero nuestro cuerpo físico nos proporciona el banco de pruebas más fantástico de la conciencia.

Al comprender la interacción que existe entre las diferentes partes del cuerpo, podemos poner en práctica la Ley Cósmica de la Analogía. Así, podemos comprender el Universo que nos rodea, las leyes que lo rigen, el lugar que ocupamos y el itinerario que adoptamos durante nuestro ciclo de encarnaciones.

No hay necesidad de ir a buscar en las complejas enseñanzas esotéricas esta percepción integral. Basta, en un giro de nuestro camino, con encontrar un instructor que nos hará poner el dedo –"poner la conciencia"– en este enorme campo de investigación. Desgraciadamente, éste estuvo sumamente mal percibido en el pasado y fue olvidado a causa de dos mil años de cultura judeocristiana que nos hicieron desaprender a estar escuchando nuestro cuerpo.

Captamos así la importancia del cuerpo físico, que es la manifestación de los otros planos de existencia o de conciencia y que, por esto mismo, representa una poderosa herramienta de conocimiento y de transformación. Así podemos descubrir sistemáticamente, a través de nuestras enfermedades y de nuestros malestares físicos, el estado energético en el que se encuentran nuestros cuerpos sutiles y aprender a decodificar el "camino de la conciencia" que sea el nuestro.

El estudio y la experimentación de los Chakras va a pasar entonces, en primer lugar, por el conocimiento del cuerpo físico.

EL CUERPO ETÉRICO

En cuanto dejamos atrás el cuerpo físico, empezamos a entrar en contacto con los otros planos de energía sutil; después del cuerpo físico, el más denso es el que se encuentra más cerca de él, el cuerpo etérico. También lo llamamos cuerpo vital o doble etérico, este último apelativo define perfectamente este cuerpo, ya que es el reflejo exacto, el doble del cuerpo físico en los planos sutiles.

Está formado de una capa de energía sutil que adopta completamente la forma del cuerpo físico y se sitúa, según la vitalidad de la persona referida, a una distancia de cinco a quince centímetros del cuerpo físico.

Este doble etérico es la armazón sobre la cual se construye el cuerpo físico, en el momento de la encarnación. Este es el doble etérico que, en los planos sutiles, le da la forma a las energías, una forma que se manifestará después por la creación de la forma de "materia" o cuerpo físico.

Antes de concretarse en la materia, toda forma física debe constituirse en el plano etérico. Este cuerpo, esta energía es la que le permite al cuerpo físico vivir, porque es éste el que lo vivifica por la energía del prana. Sin éste, las funciones vitales del cuerpo físico cesarían, lo que ocasionaría la muerte en unos instantes.

Gracias al cuerpo etérico pueden trabajar los cinco sentidos y el hombre funcionar, en el tiempo y el espacio, en el nivel físico.

Esta energía es la que hizo evidente Kirlian con su procedimiento fotográfico, hace más de medio siglo. Los siete Chakras principales que son objeto de este estudio se sitúan en este plano.

Los Chakras también tienen su correspondencia en cada plano de conciencia, es decir que existen en los planos astral y mental así como en todos los demás planos.

Pero nuestro estudio se limitará a los Chakras presentes en el plano etérico, un dominio un tanto vasto, como ustedes mismos lo comprobarán. De hecho, el cuerpo etérico es el plano en el que se vuelven a encontrar los mundos físicos y sutiles (o espirituales).

Por otra parte, el plano etérico da el acceso a la clarividencia, que no es más que, en su primer aspecto, la "visión etérica". Nos servirá igualmente de "puerta" para entrar en otros planos de percepción y otros niveles de información.

EL CUERPO EMOCIONAL

Más allá del plano etérico se encuentra un nivel de energía más fino y más sutil, el plano emocional. También lo llamamos "cuerpo astral", "cuerpo de los deseos" o "cuerpo de las emociones".

Está situado, según la evolución espiritual de la persona, a una distancia entre veinte centímetros y varios kilómetros del cuerpo físico, siendo el último caso el de los Maestros espirituales o de los Maestros de Sabiduría. Los esotéricos llegan a afirmar que el cuerpo astral puede alcanzar la cara oculta de la luna. Como no he ido a ver, no puedo confirmar esta afirmación. Esto es para indicar que sus dimensiones pueden ser muy variables. Éstas dependen de la cantidad de trabajo espiritual realizado por la persona. Como regla general, este cuerpo se encuentra a una distancia que varía entre veinte centímetros y un metro del cuerpo físico.

Como su nombre lo indica, es la forma, la energía sutil en la cual se van a reflejar las emociones y los deseos del ser. Para quienes poseen el don de la clarividencia, en este nivel es principalmente donde se van a manifestar, alrededor del cuerpo físico, los movimientos de colores muy variados y sumamente cambiantes que llamamos el aura. Igualmente por este cuerpo entramos en contacto con nuestro entorno y lo sentimos. (El entorno se toma aquí en su sentido general, es decir los demás, la naturaleza, los elementos, los planetas, las estrellas, el cosmos; en una palabra, todo lo que nos rodea.)

Los movimientos energéticos del cuerpo emocional tienen profundas repercusiones sobre el cuerpo etérico, pudiendo llegar, en casos de desequilibrios graves, a lesiones físicas, incluso a enfermedades. (El funcionamiento de estos mecanismos se tratará con más detalles en el capítulo dedicado al Chakra Solar).

Aquí se termina la formación del Yo inferior que está compuesto de la energía dominante de los tres primeros planos. Sin embargo, me gustaría llamar su atención a un punto sumamente importante: El "desglose" de los planos, tal como lo proponemos, no intenta más que facilitar nuestra comprensión de esta "mecánica sutil". En ningún caso, estos conceptos deben analizarse "cortando en rebanadas" nuestras energías sutiles.

Hay que comprender que el hombre es un ser "holístico" (de *holos*, término griego que significa "entero"). Es decir, como en una imagen holográfica, cada vez que consideramos una fracción de nuestro ser, una partícula de nuestra energía, todo lo demás está presente y representado en esta fracción.

Por consiguiente, habrá que recordar este postulado durante todo nuestro estudio sobre los Chakras; porque será muy grande la tentación de fraccionar las informaciones que nos cortan en pedazos, en "especialidades médicas", que no cuidan más que un síntoma y transfieren muchas veces el problema a otros órganos.

EL CUERPO MENTAL

Una vez que se ha dejado atrás el cuerpo astral, empezamos a abordar energías mucho más finas. El siguiente plano es el cuerpo mental y su energía se presenta como una especie de "ovoide" rodeando la cabeza y llegando a la altura de los hombros.

Este nivel de energía gobierna en primer lugar la facultad de razonamiento de nuestro ser, dicho de otro modo: el intelecto. Tomado en su dimensión inferior, nos permite desarrollar nuestra aptitud de razonar. Por otra parte, este es el que transmite las órdenes y los "mandatos" a los otros cuerpos.

Si esta dimensión de razonamiento se acentúa (y es el caso para la gran mayoría de la población occidental, pragmática y cartesiana), nos hará "esclavos de lo tangible", según el término utilizado en ciertas tradiciones. Así no podremos tener acceso a toda la dimensión intuitiva e instintiva de nuestro ser.

Tomado en su dimensión superior, el cuerpo mental es el transmisor de la dimensión espiritual, el contacto con la Divinidad. Este plano, que veremos cuando estudiemos el Chakra Cardiaco, es el plano de la unión, de la transición entre los planos de la materia y los del espíritu, dicho de otro modo entre las energías terrestres y las espirituales.

EL PLANO CAUSAL

Al rebasar el plano mental, entramos en otra "dimensión", que se sitúa más allá de nuestra "realidad". Cuando abordemos el estudio del Chakra de la Garganta, podremos ver que se trata de otro sistema de referencia, que nos permitirá tener acceso a otro tipo de información. Por lo tanto, al decir que a partir de este plano entramos en lo "intangible", nos es más difícil hacernos una idea precisa de esta energía. Sin embargo, la Ley Cósmica de la Analogía (o de la Resonancia) nos va a ayudar a comprender el funcionamiento.

El plano causal, como su nombre lo indica, nos hacer penetrar en el plano de las "causas". Para esquematizar, digamos que el plano causal, o plano de las causas, es el que determina los "efectos", es decir los sucesos tangibles de nuestra existencia: encuentros, enfermedades, accidentes, matrimonio, odio, profesión, etc. De hecho, todo lo que constituye nuestra forma de existir.

Entrando conscientemente al plano causal, no sólo vamos a poder decodificar las causas de los sucesos de nuestra vida cotidiana, sino que podremos modificarlas eventualmente y, para esto mismo, modificar nuestras relaciones con el mundo.

En el plano causal es donde abordamos la noción de "karma", una idea muy mal comprendida en el mundo occidental, que hizo una transposición de la idea del "pecado original", con su connotación muchas veces negativa o de culpa. Esta idea será tratada con más detalle en los capítulos siguientes.

EL PLANO BÚDICO

Pocos seres humanos pueden tener acceso al sexto plano que es el plano búdico. Muchas veces lo llamamos el plano supramental. Este nivel energético corresponde a lo que la Tradición llama "el Plano" o "el Plano Divino". Se trata del nivel de conciencia que gobierna todas las interacciones y todas las acciones del conjunto de miembros de todos los reinos del cosmos.

Este Plano rebasa nuestra capacidad de imaginación. Por lo tanto tratemos de representarnos un gigantesco programa informático que encerraría todos los miembros de los reinos humano, animal, vegetal y mineral y que se aplicaría igualmente a cada uno de los planetas, conocidos y desconocidos, del Universo, es decir a millares y millares de elementos, teniendo en cuenta los planos invisibles que escapan a nuestra percepción. Ya están captando la infinidad de combinaciones posibles, pero no habrán comprendido más que una ínfima parte de lo que es el Plano.

El Plano administra y coordina todas las interacciones y las interrelaciones que existen para todos los parámetros enunciados anteriormente, en cierto modo como una computadora colosal que tuviera la talla de varios Soles.

El plano búdico es el plano energético que contiene el Plano Divino y por éste podemos tener acceso. Digamos que en este nivel, nos encontramos muy cerca de la Conciencia de Dios que concibió todo este conjunto.

EL PLANO ÁTMICO O PLANO DIVINO

El plano átmico es el Plano de Dios; va a permitirnos *volver* a encontrar, a integrar la Conciencia de Dios y El Mismo Dios. Una vez que se ha logrado este último plano, estaremos en condiciones de liberar el ciclo de encarnaciones y de reintegrar el estado divino. No es sino hasta este momento cuando adquirimos la conciencia de que somos Uno en el Todo y Todo en el Uno y que somos una parte integrante de cada molécula, de cada célula y de cada átomo existentes en el Universo.

Para tener una idea general de nuestro "ser sutil", hay que percibir que todos los movimientos de las energías y las manifestaciones que se producen en estos diferentes planos tienen repercusiones sobre el cuerpo físico.

Por lo tanto es perfectamente utópico pensar que podemos lograr la salud, el equilibrio y la felicidad haciendo una abstracción de los conceptos asociados a estos diferentes planos. Entonces nos interesaremos en penetrar un poco más profundamente dentro de la propia conciencia de estos con el fin de lanzar las bases de una práctica de concienciación de nosotros mismos, en una óptica de autosanación.

Capítulo IV

Definición de los Chakras

En la Tradición Hindú, la palabra "Chakra" se le da a ciertos centros de fuerza de energía sutil situados en los diferentes planos que acabamos de definir. El concepto de Chakra nos enlaza, por medio de las formas de pensamiento (explicaremos el mecanismo en el capítulo destinado al Chakra Solar), a una energía que es milenaria. Esta energía hará accesible la comprensión de la energía de estos centros de fuerza.

"Chakra" significa "rueda" en sánscrito, que corresponde con la forma de estos centros, cuando los vemos con la visión clarividente. También tienen otros nombres:

- *padmas,* que en sánscrito significa "flor de loto"
- centro de fuerza etérico
- centro de fuerza vital
- rosa mística (en la Tradición Hermética Cristiana)
- catedral (en la Tradición Rosacruz)

De hecho, los Chakras son centros de conjunción de corrientes de energía que circulan a lo largo de una especie de "sistema nervioso sutil" que llamamos *nadis.* Por éstos circula la energía vital (prana). Son "puntos de confluencia" y de interpretación del físico y del psiquismo. Los Chakras se crean en el punto de intersección de estos *nadis.*

- Cuando se cruzan 21 *nadis,* se crea un Chakra mayor o principal. Existen 7 de estos, los que estudiaremos en esta obra.
- Cuando se cruzan 14 *nadis,* se crea un Chakra menor o secundario. Hay 21 de estos.

- Cuando se cruzan 7 *nadis,* se crean puntos de acupuntura. Hay varios cientos de estos puntos.

Esta unión es la que permite que la energía se emita en dirección al plano físico. En estos centros de fuerza se vuelven a encontrar el plano terrestre y el Plano Cósmico.

Por lo tanto estamos formados por un conjunto de corrientes de fuerza. Cuando se unen estas corrientes, se crean puntos de fuerza energéticos sobre los que podemos intervenir para afectar todo el cuerpo, o más bien deberíamos decir, los cuerpos.

Estas corrientes de fuerza animan al ser humano y su conciencia; lo dirigen hacia una vía bien delimitada, un camino bien definido que corresponde a la polaridad del Chakra correspondiente. Casi podemos hablar aquí de una pre-programación de los Chakras; una pre-programación debida a nuestra educación, a nuestro legado genético y a todos los sucesos de carácter emocional u otros, que hayan ocurrido de improviso a lo largo de nuestras encarnaciones. Esta pre-programación determina nuestras condiciones de vida y nuestra forma de reaccionar a los sucesos de la vida.

Entonces es sumamente importante hoy en día, tener acceso al conocimiento de esta herramienta y sobre todo poner en práctica este conocimiento, con el fin de adquirir el estado de felicidad y de gozo, al cual cada uno de nosotros aspiramos y tenemos derecho de obtener. Pero hay que comprender bien que el acceso a este estado legítimo no nos será concedido como alguna "recompensa" otorgada por Dios, el destino o los Señores del Karma. Por un trabajo profundo sobre nosotros mismos, de concientización de nuestras energías y por su ajuste consciente a la vibración de los arquetipos divinos, llegaremos a este estado de felicidad. Estos arquetipos que nos gobiernan de hecho nos son más que "escalones" vibratorios hacia los cuales tendemos para llegar al estado de armonía y bienestar.

El estudio de los Chakras mayores nos permitirá hacer esta concientización, después de la cual podremos seguir nuestra ruta hacia el descubrimiento de nosotros mismos. Así podremos encontrar nuestro ser interior, que ciertas Tradiciones llaman "el Cristo interno" y que llamamos más comúnmente el "Alma".

Capítulo V

La ubicación de los Chakras

Los Chakras que ahora vamos a definir están situados al nivel del cuerpo etérico. Por lo tanto, no son visibles al ojo físico, salvo que hayamos realizado sobre nosotros mismos un trabajo iniciático que haya activado nuestro nervio óptico y nos haya dado la visión de los cuerpos sutiles.

Los Chakras están situados a lo largo de la columna vertebral; se presentan bajo la forma de un embudo, con una parte en la espalda que recibe la energía y una parte en el frente del cuerpo que la emite.

Los Chakras mayores incluyen:
- El Chakra Base, situado entre el ano y los órganos genitales;
- El Chakra Sacro, situado más o menos cuatro dedos abajo del ombligo;
- El Chakra Solar, situado a la altura del plexo solar, que está situado en el punto de unión de las costillas flotantes;
- El Chakra Cardiaco, situado más o menos en el centro del pecho;
- El Chakra de la Garganta, situado a la mitad de la garganta;
- El Chakra Frontal, situado en medio de la frente, ligeramente arriba del puente de la nariz;
- El Chakra Coronario, situado al centro de la parte superior del cráneo, donde se ubica la fontanela.

Capítulo VI

El papel de los Chakras

En el plano físico, los Chakras están unidos al sistema endocrino. Así, en el momento que empezamos a trabajar, conscientemente, sobre nuestras energías sutiles a través de los Chakras, se producen modificaciones en el funcionamiento de nuestro sistema endocrino, en los planos químico y hormonal, y esto repercute en el funcionamiento de nuestro metabolismo físico y psíquico.

Por consiguiente, el camino de armonización de los Chakras no tiene nada de trivial. Por otra parte quisiera insistir sobre un punto sumamente importante en este tema. Antes que nada, ciertos libros y enseñanzas o hasta ciertas personas hablan de la "apertura o el cierre de los Chakras".

Sin duda habrán comprendido, leyendo los capítulos anteriores, que los Chakras existen en cada uno de nosotros, hasta en el más humilde, y que siempre están más o menos en movimiento. Lo que distingue a cada persona es el estado de conciencia que tiene de sus propios Chakras. Por consiguiente, nadie puede "abrir" o "cerrar" un Chakra, y quien se entregara a tales prácticas –y esto evidentemente es posible por medio de ciertos rituales o ejercicios– realizaría una verdadera transgresión, una violación de los cuerpos energéticos de la persona aludida y de su integridad.

Entonces no se puede hablar de apertura o cierre de los Chakras, sino más bien del estado de conciencia que tenemos. Lo que significa, que a partir del momento en que hacemos un trabajo de concientización del "mecanismo" de los Chakras –lo que hacemos desde las primeras páginas de esta obra– ya estamos activando y armonizando las energías.

Todos nuestros estados de conciencia están condicionados por el estado energético de nuestros Chakras. Es decir, que en cuanto iniciamos un "camino de la conciencia" en relación con estas energías, va a cambiar toda nuestra "visión" del mundo. Tendrá como resultado modificaciones de nuestro entorno familiar, social y espiritual, así como modificaciones de nuestra forma de vivir. Todo esto para tender hacia una armonización más profunda de nuestra vida respecto a la Divinidad.

Ahora quisiera dar una advertencia importante. Algunos entre ustedes podrían tener la tentación de forzar la activación de ciertos Chakras, para conseguir con más rapidez la adquisición de las percepciones extrasensoriales. Se trata de una práctica sumamente peligrosa.

La armonización, concientización y el desarrollo de los Chakras deben efectuarse a partir de un entrenamiento progresivo, adaptado al ritmo de cada uno, que empezará por el Chakra Base, para terminar con el Chakra de la Corona. ¿Por qué? Si nos saltamos ciertas etapas (ciertos Chakras) y activamos los Chakras superiores que rigen estas percepciones, sin haber armonizado los Chakras inferiores, es en cierto modo como si –y disculpen la comparación– enchufáramos un aparato de 12 voltios en uno de 220 voltios. El aparato se quemaría.

En nuestros centros energéticos, es lo mismo. La frecuencia vibratoria energética de cada Chakra es diferente, el Chakra Base corresponde al nivel más bajo y el Chakra de la Corona, al más elevado. Entonces, si nos saltamos etapas, no haremos las percepciones que corresponden en cada etapa. De este modo, vamos a crear tal cambio del nivel de conciencia, tal distorsión en el plano energético que ya no llegaremos a canalizar esta fuerza. Entonces podrá introducirse en nuestro ser todo tipo de elementos negativos exteriores capaces de hacernos perder la libre elección de nuestros actos. Los centros psiquiátricos están llenos de personas que han cometido este tipo de error.

Por consiguiente, este trabajo de evolución debe efectuarse a su propio ritmo. Esto toma años. Pero progresivamente podremos, a partir del Chakra Base, lograr un día –en algunas vidas si esto es necesario– el estado de realización proporcionado por la energía del Chakra Coronario.

Capítulo VII

Comprensión e integración de la energía de los Chakras

– MÉTODO –

La integración de las energías de los Chakras pasa por estados de conciencia sucesivos. Así, cada vez que hablamos de los Chakras o que hacemos ciertos ejercicios, modificamos la percepción que tenemos de nosotros mismos, de nuestro lugar en nuestro entorno y de nuestro lugar en el Universo.

De hecho, se nos ofrecen dos posibilidades: que nuestro camino sea únicamente intelectual, haciéndose al nivel mental y en tal caso ningún proceso de transformación se pondrá en movimiento; sea que nuestro camino se haga al nivel de la experimentación y de la sensación y entonces ponemos en movimiento un proceso que al principio no sospechamos, la capacidad y la comprensión. Pero al cabo de cierto tiempo, nos sorprenderemos al ver el camino recorrido y la magnificencia del Mecanismo Cósmico.

Como lo ven, este trabajo no es nada trivial. Nos va a preparar en algunas transformaciones profundas de nuestros estados del ser, de nuestros tipos de vida y por consecuencia, de nuestros objetivos de vida.

Hay que comprender que una preparación oculta o esotérica no se realiza a través de cosas complejas. Ante todo se efectúa en lo cotidiano, por una concientización de cada leve ademán portador de una realidad, de una fuerza espiritual. Entonces no es la lectura de docenas de libros lo que permitirá un aprendizaje, sino más bien el hecho de convertirse en una persona radiante, porque cada uno de nuestros ademanes y cada una de nuestras actitudes serán radiantes.

Los cambios anunciados siempre deberán ir en el sentido de una correlación cada vez más estrecha con el objetivo de nuestra alma; pueden ser tan profundos, que estos cambios traerán siempre bienestar y armonía.

MODO DE APLICAR LA CIENCIA DE LOS CHAKRAS

El trabajo relativo a los Chakras implicará siete capítulos principales, que tratan los siete Chakras mayores y traen consigo las siguientes secciones:

I – Definición y funciones

Primero vamos a intentar dar una definición del Chakra y de su forma de funcionar. Así, podremos nutrir nuestra mente y modificar nuestro estado de conciencia respecto a la energía del Chakra relacionado.

Igualmente vamos a dar el nombre en sánscrito del Chakra, que funciona como un mantra. Conectándonos con esta palabra, activaremos la energía de este Chakra. Y delante de este subcapítulo damos igualmente una palabra de Poder (Mantra) extraído de la Biblia que, cuando se pronuncia de una manera recitativa o cantada, permitirá activar y armonizar el Chakra en cuestión.

La Biblia es un libro iniciático que contiene numerosas indicaciones energéticas relacionadas con el funcionamiento de los Chakras. Por lo tanto, nos pareció importante hacer el lazo entre la Tradición Hindú, que desde hace tanto tiempo codificó esta ciencia, y la Biblia, que ha transmitido estas mismas enseñanzas, pero de una manera más "oculta".

En las siguientes subdivisiones, vamos a trabajar según la Ley de la Analogía. Meditaremos en el elemento constitutivo de la analogía e intentaremos descubrir qué resonancia tiene esto en nosotros y qué comparación podemos hacer entre este elemento y nosotros.

II – Elemento correspondiente a cada Chakra

Estudiaremos el elemento que le corresponde a cada Chakra, hasta el quinto, porque después cambiaremos el plano de percepción. Así podremos activar, por el plano mental, la energía del plano correspondiente.

La energía del símbolo de cada elemento efectivamente ayuda a suscitar en nosotros la dimensión energética del Chakra correspondiente, que quizás nos falta. Si ese no es el caso, probablemente descubriremos una "dimensión" complementaria a esta energía, que vendrá a afirmarla y a estabilizarla.

III – Número asociado a cada Chakra

Como la Ciencia Sagrada de los Números es en cierto modo uno de mis "caprichos", me ha parecido interesante revelarles un trabajo personal relacionado con la correspondencia entre la numerología y la Ciencia de los Chakras; es decir, entre la vibración del Número y la vibración del Chakra. Este trabajo sólo me compromete a mí, pero puede utilizarse como una herramienta adicional por quienes se interesen en la numerología.

La vibración del Número, como expresión de la energía cósmica, también nos permite activar el Chakra correspondiente. Entonces desarrollamos el símbolo del Número enlazado al Chakra. En el plano sutil, el estudio del Número y de su símbolo activa, por efecto de resonancia, la energía del Chakra en cuestión.

IV – Color correspondiente a cada Chakra

El conjunto de enseñanzas tradicionales establece una correspondencia entre el color y los Chakras. La volvemos a encontrar también en la Tradición Budista, así como en la Tradición Hermética

Cristiana o la Tradición Rosacruz. Esta correspondencia se refiere a un arquetipo divino, ya que se trata de los siete colores del arco iris, según el orden de descomposición del espectro de la luz. La correspondencia es la siguiente:

- Rojo: Chakra Base
- Naranja: Chakra Sacro
- Amarillo: Chakra Solar
- Verde: Chakra Cardiaco
- Azul: Chakra de la Garganta
- Índigo: Chakra Frontal
- Violeta: Chakra Coronario

El simbolismo de los colores nos da, por medio de la Tradición, elementos para comprender la energía del Chakra correspondiente. He aquí, en este tema, las palabras del Maestro Djwal Khul, tal como fueron transmitidas por Alice Bayley, en su libro *Les Rayons et les Initiations*[1]*:* "Los misterios devolverán el color y la música a su lugar justo en el mundo y lo harán de tal manera que el arte creador contemporáneo será el arte creador novedoso, lo que la construcción, con los cubos de madera de un niño, es a una gran catedral como la de Durham o de Milán".

Igualmente utilizaremos el color por la visualización, en una meditación guiada relacionada a cada Chakra. Por otro lado estamos redactando un libro que se llamará *La lecture de couleurs, miroir de l'âme*[2] que le dará a los lectores una herramienta práctica para diagnosticar y comprender la energía que se encuentra en ellos mismos.

V – Elementos psicológicos relacionados con cada Chakra

Según el grado de armonización y la calidad del funcionamiento de cada Chakra, la energía otorgada por éste, podrá crear profundas modificaciones en nuestros estados mentales y psicológicos.

---

[1] Los rayos y las iniciaciones.

[2] Lectura de los colores, espejo del alma.

Entonces veremos en esta sección, que el funcionamiento de los Chakras es una parte integrante de los elementos y los sucesos de la vida cotidiana.

La concientización de estas energías constituye una parte muy importante del trabajo de este libro y pienso que todos nos reconoceremos un poco en la lectura de esta sección. Se trata que este estudio sea un enfoque práctico y cotidiano, con el fin de darnos cuenta que la vida no es el resultado fortuito del transcurso de las circunstancias, más bien la expresión de las energías en acción en nuestro "ser energético".

VI – Glándula endocrina relacionada con cada Chakra

Cada acción y cada concientización conllevan modificaciones químicas y hormonales que tienen incidencias profundas en nuestro equilibrio. En la sección VI, abordaremos algunas ideas con respecto al funcionamiento psico-endocrino con el fin de explicar, lo más sencillamente posible, las repercusiones.

Los especialistas en endocrinología tendrán que disculpar la naturaleza escueta de estas explicaciones.

VII – Aspectos físicos relacionados al funcionamiento de cada Chakra

Aquí daremos un compendio de las enfermedades o de los síntomas resultantes de la disfunción de los chakras o del funcionamiento inarmónico. (Estas indicaciones no serán más que parciales, ya que el tema necesita una obra completa). Así podremos hacer un enlace entre la enfermedad y el sistema energético de los Chakras.

VIII – Ángel asociado a cada Chakra

Aquí abordamos un tema que tiene un gran interés para nosotros. Se trata del Ángel que está más especialmente asociado a cada Chakra. Estos ángeles forman parte de la Jerarquía de los Principados, en el Árbol Sefirótico de la Cábala. Asimismo son conocidos bajo el nombre de "Elohim".

El nombre que les damos es el nombre Hebreo, tal como fue transmitido por la Cábala, pero agregamos la traducción en español.

Al invocar a un ángel, nos ponemos en presencia de energías precisas. Podemos pedirle al Ángel que nos ayude, manifestándole todo el respeto, el amor y el discernimiento que se le debe a estas Energías de Luz. Basta con pronunciar su nombre en voz alta, estando perfectamente calmado y centrado.

Abordaremos el tema resumidamente, ya que será objeto de un estudio ulterior más profundo.

Esta sección servirá de introducción a la "angeosofía". Los Seres de Luz nos indican que la supervivencia de la humanidad está relacionada con su capacidad para entrar en contacto con los ángeles, o "devas", con el fin de realizar un estrecho trabajo de cooperación entre los dos mundos y de ese modo encontrar soluciones para salvar al planeta.

Esta sección constituirá el primer enfoque de este camino. Éste estará inspirado por el maravilloso trabajo realizado desde hace treinta años por la Comunidad de Findhorn, en Escocia, cuyas obras les recomiendo.

IX – *Mudra* asociado con cada Chakra

Terminaremos este estudio dando varias herramientas prácticas.

La eficacia de estas herramientas radica en dos principios fundamentales:

– La regularidad. No es necesario dedicar mucho tiempo a estos ejercicios, pero entre más regularmente los hagamos, más rápido obtendremos resultados.

– La conciencia. Cada vez que hacemos un ejercicio relacionado con un Chakra, hay que enlazar este ejercicio al Chakra relacionado por medio de la conciencia.

El *mudra* asociado con cada Chakra consiste en una posición particular de las manos, que podríamos llamar "yoga de las manos" y que está destinado a activar y a volver a armonizar ese Chakra.

Esta posición deberá mantenerse de quince a veinte minutos al día. Les aconsejamos que empiecen por unos minutos, y luego vayan alargando el tiempo del ejercicio.

Ciertas reglas deben respetarse en la práctica de los *mudras:*

- Trabajar los *mudras* simultáneamente con las dos manos;
- Adoptar una posición sentada o acostada;
- Dejar que pasen cinco horas entre la práctica de dos *mudras* diferentes.
- Si aparecen síntomas negativos, dejar de practicar el *mudra* durante algunos días y no insistir en este método.

X – Meditación del sonido asociado con cada Chakra

El sonido es una de las herramientas más poderosas para trabajar con los Chakras. En este tema, indicamos una correspondencia entre los Chakras y los Bijas-Mantras, que salieron del Budismo tántrico.

Se debe hacer una advertencia al respecto: si sienten algún malestar en cualquier momento del ejercicio, dejen de practicarlo. No insistan, porque podrían crear un desequilibrio que luego tendrían dificultad para volver a armonizar.

Entonces, igual que con el *mudra*, trabajen con "la sensación", sin forzar.

XI – Meditación del color asociado con cada Chakra

A diferencia de la meditación del sonido, no pueden crear desequilibrios graves con el color, aunque se trata de una herramienta sumamente poderosa. Sentirán quizás, aspectos del ser "extraños", pero no pueden hacer que "salte" una energía con el color. Al contrario, su acción es muy profunda. Cuando se practica asiduamente, esta meditación ocasiona transformaciones rápidas de su ser.

Es nuestra herramienta predilecta, porque tiene la cualidad de ser suave y de actuar profundamente. Esperamos que tengan la oportunidad de tener la experiencia.

XII – Cristales

Los cristales tienen un campo de aplicación extenso y mi compañera y yo utilizamos la cristaloterapia para volver a armonizar la energía de los Chakras.

Por otra parte, estamos preparando una obra completa sobre el tema, que le seguirá a la obra actual y se llamará *Cristaux et Chakras*[3]. Por este motivo, no abordaremos aquí este tema.

He aquí, el plan de trabajo trazado, les deseamos ahora que tengan un buen viaje a lo largo del camino de los Chakras.

---

[3] Cristales y Chakras.

Capítulo VIII

El Chakra Base

PARA UN ENFOQUE DE LA ENCARNACIÓN

I – DEFINICIÓN Y FUNCIONES

Chakra *Muladhara*

Palabra de poder: "Yo soy la Vida". (Juan 14:6)

Mula significa "raíz" en sánscrito. Por las "raíces" del Chakra Base, vamos a materializar, a anclar en la materia nuestra esencia espiritual.

Adhara significa "apoyo" en sánscrito. El Chakra Base representa el trabajo sobre el cual descansa el resto de nuestro camino; sin él nada puede existir. Si construimos una casa sin hacer cimientos, nuestra casa se derrumbará en un momento dado. Es la dramática experiencia que viven los "espiritualistas" que, para liberarse de la "materia" que les pesa, se lanzan en una "carrera espiritual", en un "exceso de servicio a los demás" y que muchas veces se encuentran después de varios años ante el vacío.

Jesús dijo: "Tú eres Pedro y sobre esta piedra construiré mi Iglesia".

EL CHAKRA BASE, HERRAMIENTA
DE LA ENCARNACIÓN

El trabajo que se efectúa en la energía del Chakra Base es de reflexión sobre nuestra encarnación, sobre nuestro cuerpo físico y sobre nuestra presencia en la tierra. Gracias a éste, poseeremos las bases sobre las que descansará todo nuestro trabajo de evolución.

La energía del Chakra Base sirve como una especie de apoyo y de fundamento a la energía de todos los demás Chakras. Sin ésta, nada puede existir. Es la que va a generar la energía que asegurará la unión y la coherencia con los campos de energía de los otros seis Chakras y que los alimentará con energía primordial.

En el plano de la conciencia, el Chakra Base representa:

- la voluntad de existir
- la voluntad de ser
- la voluntad de estar encarnado
- la voluntad de manifestarse
- la voluntad de experimentar cualquier cosa

EL CHAKRA BASE, FUNDAMENTO DE LA
ENSEÑANZA ESPIRITUAL Y SÍMBOLO
DE LA DUALIDAD

El Chakra Base es el Chakra de la Unión del Espíritu y de la Materia, de la materialización del Espíritu en la Materia. Nos hace comprender que cada manifestación en el plano material, cada suceso de nuestra vida cotidiana está en correspondencia con una manifestación del Espíritu.

Pero sucede que la Materia creó la ilusión, el *maya*, así como lo llama la Tradición, y es lo que nos impide ver el Espíritu. Por lo tanto, este Chakra es el de la dualidad primordial.

Antes de encarnar, no vivíamos esta dualidad, esta separación con la Divinidad. Eramos UNO con DIOS, UNO con el TODO. Un día, escogimos entrar en el ciclo de las encarnaciones para vivir la experiencia de la separación de la dualidad, del día y de la noche, de la verdad y la mentira, del calor y el frío, etcétera.

Esta experiencia de la dualidad está destinada a despertar el YO en nosotros para alcanzar la Conciencia de Sí Mismo, la individualización, la individuación. Antes de encarnar, estábamos en el Todo, el Universal, el Absoluto. No conocíamos la alternancia y la dualidad complementaria entre el hombre y la mujer. Éramos la Unidad. Pero nos faltaba la experiencia de la alteración, es decir de la oposición hacia cualquier cosa. En tanto no nos hayamos opuesto a cualquier cosa, no hemos vivido la experiencia del desarrollo de nuestra conciencia. Entonces debemos meditar sobre esta dualidad.

La energía del Chakra Base nos permite concientizar que cada manifestación del plano terrestre representa una "exteriorización" de los planos espirituales. Según la Tradición, esta exteriorización se refiere a la plasmación de las energías espirituales en la Materia.

La acción de este Chakra permite el conocimiento "físico o material" de todas las sensaciones, de todas las imágenes y de todos los símbolos, dicho de otro modo, de las "visiones" que recibimos de los otros planos.

"YO SOY EL QUE SOY"

Por lo tanto se dice que sin él, es imposible unir nuestras percepciones a nuestra realidad física, por ejemplo mediante la meditación.

Por lo tanto vamos a meditar sobre las siguientes preguntas, que están relacionadas con la dualidad entre el espíritu y la materia:

- ¿Cómo nos percibimos en relación con los elementos que no son "nuestros", que son ajenos a nosotros?
- ¿Cuál es la relación entre el Espíritu y la Materia?
- ¿Cómo percibimos la relación entre el Espíritu y la Materia?
- ¿Cómo integramos en nuestro cuerpo físico y en nuestra vida cotidiana esta coexistencia del Espíritu y de la Materia?

De hecho, la energía del Chakra Base, o Chakra Raíz, es la del despertar de la polaridad, del despertar de la oposición, del desarrollo del YO.

Es el principio de la evolución de la humanidad.

EL CHAKRA BASE Y LA INDIVIDUACIÓN

Trabajar en armonía con el Chakra Base nos lleva a meditar sobre el YO.

- ¿Quiénes somos?
- ¿Cuáles son nuestros deberes y nuestras responsabilidades hacia nosotros mismos?
- ¿Cuál es nuestra voluntad de existir?
- ¿Cómo nos ubicamos en el Universo?
- ¿Cuál es nuestro estado de conciencia sobre las consecuencias que nuestros actos, nuestras palabras, nuestros pensamientos tienen en el Universo?
- ¿Estamos conscientes de esta interrelación que existe entre nuestros actos, nuestras palabras, nuestros pensamientos y el Universo?

El objetivo profundo de nuestro ciclo de encarnaciones es el de afirmar este YO, esta Conciencia de Sí Mismo y de ser capaces de desarrollarla, aunque esta manifestación algunas veces puede parecer una crisis de adolescencia.

La energía del Chakra Base nos lleva a meditar sobre la idea del Sí Mismo, que es una idea de permanencia. Es una Chispa Divina inmortal que nos sigue a través del tiempo y el espacio. Entonces vamos a meditar sobre esta inmortalidad.

En el plano vibratorio, el Chakra Base es el que tiene la frecuencia más baja; la podemos recibir por medio de nuestra "visión" de los colores. Es el que transmite y rige las energías provenientes de la tierra. Como tal, pide nuestra asociación con la materia, nuestros medios de existencia, nuestra familia.

Su energía representa entonces la relación que tenemos con lo cotidiano, la vida profesional, la vida familiar, la organización de nuestra vida material y el dinero. Constituye la manifestación de la conciencia individual en la forma, es decir el nacimiento físico.

El aspecto "vida" predomina en el funcionamiento del Chakra Base, su función principal es la de participar en la formación del cuerpo físico. Enfoca entonces el desarrollo y la búsqueda del perfeccionamiento del cuerpo físico. Expresa la cualidad de la cohesión.

EL CHAKRA BASE Y EL *MAYA*

La energía del Chakra Base sirve de enlace entre el Espíritu y la Materia, en todo momento de nuestra existencia.

Según los Orientales, la Tierra, que ellos llaman "Madre divina", está cubierta. Este velo lo llaman *maya*, que significa "ilusión" en sánscrito.

Debemos superar la ilusión y comprender que cada uno de los elementos que nos rodean es en realidad el símbolo de una fuerza espiritual.

El ocultista que trabaja en el Chakra Base es alguien que concientiza, a través de todas las realidades exteriores, la energía de la realidad invisible que se oculta detrás de lo visible; ayuda a levantar el velo del *maya*. Así, dejaremos de tomar la materia como materia, ésta no es más que el símbolo de algo que se manifiesta por medio de ella, más allá del espíritu.

De hecho, la Materia probablemente es la menos real de las realidades que nos rodean. La materia es una expresión exotérica de la fuerza del Espíritu. Cuando llegamos a liberarnos de la ilusión de la materia, podemos dominar la fuerza. La Tradición llama a este conocimiento "magia".

Al dominar la materia, se puede adquirir, por ejemplo, la fuerza para levitar, la capacidad de transformar los objetos o la de sacar la energía necesaria de diferentes realizaciones. Por lo tanto debemos preguntarnos sobre esta relación entre lo visible y lo invisible. Entonces empezaremos a concientizar que lo visible es una manifestación simbólica de lo invisible y que podemos intentar percibir esta relación. También pretenderemos darnos cuenta como encarnamos en un cuerpo y del tipo de relación que establecemos con este cuerpo. Es un trabajo de alquimia al nivel del ser.

Según yo, nadie definió el funcionamiento del Chakra Base mejor que Rudolf Steiner. Lo hizo a través de este poema:

Si quieres conocerte a ti mismo,
Abre los ojos hacia todos lados en el Universo.
Pero si lo que te gustaría conocer es el Universo,
Entonces sumerge tu mirada hasta el fondo de ti mismo.
¿Quieres conocerte a ti mismo?
Búscate en el vasto mundo.
¿Quieres conocer el Universo?
Sumérgete en las profundidades de ti mismo.
Como una memoria del mundo,
Estas profundidades te darán la llave,
La llave de los secretos del Cosmos.

CUALIDADES Y DEFECTOS ASOCIADOS AL CHAKRA BASE

Las cualidades que permite adquirir el Chakra Base son:

- confianza en sí mismo
- dominio de sí mismo
- pureza, que es la unión justa con la materia
- desinterés
- liberación de la ilusión (*maya*)
- equilibrio mental y moral

Los defectos asociados a una disfunción del Chakra Base son:

- una imaginación débil
- una percepción psicológica deficiente
- el instinto de dominación
- la tendencia a la esclavitud
- una moralidad débil
- la falta de fe
- el temor a la muerte
- el materialismo desmedido
- la negación de la existencia de lo espiritual

El proceso iniciático nos permitirá adquirir las cualidades del Chakra Base, con la condición de que nos demos cuenta de la energía colocada y que esta energía se viva conscientemente en lo cotidiano.

II – ELEMENTO CORRESPONDIENTE AL CHAKRA BASE: LA TIERRA

El Génesis nos dice:

"Y el Dios Eterno creó al hombre, DEL POLVO DE LA TIERRA, y sopló en su nariz y el hombre se convirtió en un alma viva."

La tierra se opone simbólicamente al cielo. Ella representa el aspecto femenino de la manifestación. Según los libros sagrados orientales, el origen del Chakra Base es la Madre del Mundo. Esta fuerza femenina muchas veces se conoce bajo el nombre oriental de *Kundalini*. Esta palabra significa, en sánscrito, "serpiente" o "fuerza de la serpiente". La Tradición nos dice que se trata de una fuerza espiritual que duerme enrollada en la base de la columna vertebral de todo ser humano. Si la despertamos, sube de Chakra en Chakra y se manifiesta bajo la forma de la expansión de conciencia y de "visiones" de otros planos. La tierra es el símbolo de la densidad, de la fijación y de la condensación. Es la perfección pasiva. Todo ser humano le debe su nacimiento, la cual es totalmente sumisa al principio de la fecundación del cielo.

La tierra es la substancia universal, el caos primordial, la materia primordial con la cual el Creador da forma al hombre. Es la matriz que recibe las fuentes, los minerales, los metales. Simboliza la función maternal; ella es la que da y la que vuelve a tomar la vida.

En la religión Védica, ella representa la madre, la fuente del ser y de la vida, la protectora contra toda fuerza de destrucción. Es símbolo de fecundidad y de regeneración.

En la Cábala, la tierra está relacionada con Malkhuth, la matriz universal, la madre de toda vida. Ella es la fuerza germinadora que exalta el poder divino. Ella materializa para nosotros sus arquetipos abismales, que son el reflejo de los arquetipos divinos donde se operan los lentos procesos de la muerte y la resurrección. Malkhuth significa "El Reino". En el plano de las Energías divinas, Malkhuth es el receptáculo de todas las energías. Es el germen de toda la Creación.

La tierra es el elemento más denso, y vamos a intentar comprender como este elemento permite que el espíritu se exprese. Para hacerlo, tendremos que captar la correspondencia que existe con el elemento sensorial, correspondiendo la tierra al sentido del tacto.

Al respecto, les propongo un pequeño experimento. Toquen su mano, la que está sujetando el libro, pero tóquenla conscientemente, no mecánicamente como lo hacemos casi todos los días. Toquen su mano y dense cuenta de su presencia. Cierren los ojos y nuevamente dense cuenta de la presencia de su mano durante unos instantes...

Ahora les pido que hagan lo mismo con el libro que sostienen. Tóquenlo, conscientemente. Perciban el grano del papel, su grosor, la suavidad de la cubierta... Sigan la experiencia, pero esta vez con el sillón donde están sentados. Sientan el contacto del tejido, la textura de la madera barnizada, etc.

Ahora comprueben que el tacto se puede vivir de una manera diferente. Así acaban de captar, por el tacto, uno de los aspectos del elemento Tierra.

Pueden hacer el mismo experimento con todos los demás sentidos. Al darse cuenta de cada sensación percibida, fortalecerán en ustedes la energía del Chakra Base.

III – NÚMERO ASOCIADO AL CHAKRA BASE: EL 4

El Número 4 es el número de la casa, de la estructura; construye, establece, protege y edifica; es el número de la Piedra.

Representa el mundo psico-etérico; por éste entramos en la materia, en la construcción; es el número de la organización y de la fuerza.

Los significados simbólicos del Número 4 están asociados al cuadrado y a la cruz. Este número simboliza lo terrestre, la totalidad de lo creado y de lo revelado, esta totalidad que representa al mismo tiempo la totalidad de lo perecedero.

En japonés, la misma palabra *shi* significa "cuatro" y "muerte". En los Vedas, el mundo está dividido en cuatro partes. En el Apocalipsis de San Juan, el Número 4 representa el principio de la universalidad; los cuatro colores, los cuatro puntos cardinales, los cuatro ángeles destructores parados en los cuatro rincones de la tierra, los cuatro muros de la Jerusalén Celeste que están enfrente de los cuatro orientes, los cuatro Evangelistas.

Cuatro es el número que caracteriza al Universo en su totalidad. El Apocalipsis habla de los cuatro extremos de la Tierra de donde soplan los cuatro vientos y distingue cuatro grandes periodos que abarcan toda la historia del mundo.

El Número 4 juega igualmente un papel determinante en la cultura Amerindia. Es un principio de organización y una fuerza.

El espacio se divide en cuatro partes. El tiempo se mide según cuatro unidades. Las plantas se componen de cuatro elementos. Las especies animales se clasifican en cuatro subgrupos (los volátiles, los reptantes, los que caminan en cuatro patas, y los que caminan en dos patas). Los cuerpos celestes cuentan con cuatro subdivisiones (el Sol, el Cielo, la Luna y las Estrellas) y los vientos que "circulan alrededor del círculo del mundo" son cuatro.

El Número 4, tiene la imagen de la Tierra, no crea pero contiene todo lo que se crea a partir de éste. Su valor es un devenir en potencia. Cuatro es el número de la Tierra pero si lo extrapolamos, es Dios ya que contiene todo.

En la tradición Sufí, 4 es el número de los elementos, también es el número de las "puertas" que debe cruzar el adepto de la vía mística.

Como pueden constatarlo, la lista es muy larga y podría prolongarse hasta el infinito, es tan cierto que el Número 4 se encuentra en todas las Tradiciones y en todas las grandes enseñanzas como símbolo del Todo.

¿No deberíamos meditar en este número que representa la encarnación, además de ser el símbolo del Todo?

PALABRAS CLAVES ASOCIADAS
CON EL NÚMERO 4

Trabajo, Materia, Concreto;
Estructura, Organización;
Tierra, Piedra;
Pedestal, Clave Maestra;
Responsabilidad, Fuerza;
Limitación, Realización;
Encarnación, Manifestación;
Familia

IV – COLOR CORRESPONDIENTE
AL CHAKRA BASE: EL ROJO

El símbolo atribuido al color rojo, comprende dos partes:

- el rojo brillante (bermellón)
- el púrpura

EL ROJO BRILLANTE

Principio masculino, incita a la acción, al coraje y a la toma de decisiones. Representa la fuerza impulsora de la juventud, la salud, el triunfo, el deseo y el entusiasmo.

Para Kandinsky, posee "una naturaleza corpórea y manifiesta un poder irresistible, casi consciente de su objetivo." Para los iconógrafos de la Edad Media, es el símbolo de la incandescencia, de la actividad. Para los Cristianos, simboliza al Espíritu Santo presentándose bajo la forma de Fuego y está cargado del poder de regeneración y de purificación de las almas. Es a la vez Amor y Sabiduría. En Grecia, representa el Amor regenerador; es el símbolo del Amor Divino. En China, es el color de la inmortalidad.

El rojo igualmente puede expresar la doble polaridad: el egoísmo o el Amor de Dios, el valor o la cólera, la crueldad. También es el color del poder, de la autoridad y de la realeza. La realeza es el poder del derecho divino. El rojo es sublime porque todas sus fuerzas de expresión se dirigen hacia Dios.

EL PÚRPURA

Principio femenino, conserva la energía.

El púrpura está compuesto con rojo y azul, el rojo representa el Amor Divino y el azul, la Voluntad de Dios. Por lo tanto simboliza el Amor y la Voluntad de Dios, que traduce la armonización del plano físico con los Arquetipos Divinos. Igualmente podemos llamarlo "Amor de la verdad".

El púrpura evoca el misterio de la vida. Es el color de la germinación en las entrañas de la tierra, de la concepción y de la matriz que toca la esencia de la vida misma. Simboliza el color de la Madre Tierra, el fuego central del hombre. Es el color de la Ciencia y del Conocimiento esotérico, prohibido a los no iniciados.

El púrpura es portador de una vibración iniciática.

V – ELEMENTOS PSICOLÓGICOS ASOCIADOS AL CHAKRA BASE

EL FUNCIONAMIENTO ARMÓNICO DEL CHAKRA BASE

Cuando el Chakra Base funciona de una manera armónica, sentimos que un lazo profundo y estrecho nos une a todas las criaturas de la tierra. Nos comunicamos totalmente con los reinos animal, mineral y vegetal y nos reconocemos en cada uno de sus miembros. Retiramos de la tierra todas las energías que nos son necesarias, no estableciendo con ella una relación de lucha, sino de armonía.

Y evidentemente, la tierra nos da todo lo que necesitamos para avanzar en el camino de la evolución: dinero, alimentos, seguridad, familia y protección. Nos llenamos de fuerza y de generosidad y manifestamos una gran actividad. De hecho, nos sentimos en una seguridad total; nada nos puede llegar.

Hacemos prueba de una objetividad asombrosa y de un sentido práctico sólido. Nuestra fuerza se vuelve ilimitada, porque la sacamos de la fuente inagotable de energía de nuestra Madre la Tierra. Mostramos una gran estabilidad interior y las metas que nos establecemos se logran sin dificultad.

Encontramos, en la expresión de nuestra vida "material", el reflejo del inconmensurable amor divino. Sentimos que cada cosa, cada ser y cada situación de nuestra vida terrestre es la expresión del Poder Divino.

EL FUNCIONAMIENTO INARMÓNICO
DEL CHAKRA BASE

Cuando el Chakra Base no funciona de una manera armónica, toda nuestra actividad está enfocada hacia la adquisición de bienes materiales. Buscamos a toda costa la seguridad material y la satisfacción de nuestras necesidades físicas. Esta búsqueda insaciable hasta nos puede llevar al abuso de los placeres de los sentidos, por la bebida, la comida, el sexo, etc.

Nuestra imaginación es deficiente, nuestra sensibilidad se atenúa y nuestra psicología superficial. En cambio, nuestra memoria es enorme, pero parece un verdadero cuchitril, sin orden ni lógica intelectual. Captamos mal las abstracciones y lo que es diferente a nosotros, no nos atrae. Tenemos la tendencia de pensar que el análisis y la compilación son los pormenores de una ciencia que no sirve más que para esclavizar a la materia.

Somos impacientes para obtener lo que deseamos y no nos preocupamos de ninguna manera de las consecuencias que nuestros actos puedan tener sobre nuestro entorno, ni tampoco de las repercusiones en nuestro cuerpo físico. Es "todo o nada".

Esta falta de "soltar la presa" muchas veces desemboca en fenómenos de sobrepeso, incluso pudiendo llegar hasta enfermedades cardiacas o al cáncer.

Tenemos la tendencia a tener ideas fijas que, cuando son contrariadas, son origen de cólera. Entonces podemos volvernos crueles y malvados, con tendencia a la agresividad. Tenemos pavor a la inseguridad y no nos damos cuenta que justamente este pavor es lo que nos va a llevar a perder estos mismos elementos de seguridad: trabajo, familia, etc.

Igualmente nos atemoriza la muerte. Si este sentimiento se manifiesta con agresividad, podremos estar predispuestos al homicidio o a tener ideas suicidas.

De hecho, la humanidad, en conjunto, está afectada por la desarmonía de la energía del Chakra Base, porque los seres humanos consideran la tierra como un lugar de lucha y de combate, donde hay que pelearse para sobrevivir. Así creamos una energía de desarmonía que nos lleva a explotar la tierra de una manera descarada preocupándonos únicamente del provecho inmediato, sin preocuparnos de las consecuencias y del desequilibrio que provocamos.

Resulta en una devastación galopante que se traduce, entre otras cosas, por la pérdida de 650 hectáreas de tierras productivas por hora, por una deforestación espantosa, a un ritmo de más de 29 hectáreas por minuto.

La lista de incoherencias del hombre es muy larga y es merecedora de peores escenarios catastróficos.

LA DISFUNCIÓN DEL CHAKRA BASE

La marca de una disfunción del Chakra Base es una constitución débil en los planos físico y psíquico.

Entonces podemos ser sumamente influenciables y estar sometidos a voluntades exteriores. Todo problema cotidiano y material toma proporciones enormes y todo nos causa ansiedad. Todo nos cansa y la vida en la tierra es para nosotros un verdadero calvario.

Estamos afectados por una falta constante de estabilidad y de fuerza y por la incapacidad de imponernos.
La carencia de esta energía básica nos da la impresión de no hacer pie y de no estar ahí donde estamos. Si el Chakra Sacro y el

Chakra Solar igualmente están afectados por una disfunción, podemos tener reacciones de bulimia o de anorexia (reacciones de evasión). Y si, además, los Chakras Frontal y Coronario se desarrollan, podemos estar sometidos a fenómenos de desdoblamiento o de ausencia, que nos dan la impresión de no estar encarnado y de no ser parte de este mundo.

Entonces hay que darse cuenta de esto:

MIENTRAS NO HAYAMOS COMPRENDIDO QUE HAY QUE ACEPTAR TODOS LOS PROBLEMAS DE LA VIDA TERRESTRE COMO FACTORES Y ETAPAS DE EVOLUCIÓN, NOS QUEDAREMOS EN CONFLICTO CON NUESTROS PROBLEMAS MATERIALES.

VI – GLÁNDULAS ENDOCRINAS RELACIONADAS AL CHAKRA BASE: LAS SUPRARRENALES

El Chakra Base está unido, en el plano físico, a la acción de las glándulas suprarrenales. Éstas se componen de dos partes situadas debajo de cada riñón: la glándula medulo-suprarrenal y la glándula corticosuprarrenal.

LA GLÁNDULA MEDULO-SUPRARRENAL

La glándula medulo-suprarrenal segrega la noradrenalina y la adrenalina. Estas hormonas actúan sobre la presión arterial, por efecto de la vasoconstricción. Ellas también actúan sobre la respiración bajando su ritmo.

La adrenalina neutraliza el ácido láctico que proviene de la oxidación del azúcar en las fibras musculares.

La suprarrenal no puede funcionar sin la tiroides. Esta última está unida al funcionamiento del Chakra de la Garganta. En este sitio es donde se manifiesta, en el plano físico, la prueba de la unión de la materia y el espíritu. (Veremos en el capítulo dedicado al Chakra de la Garganta, que la tiroides está enlazada al Plano Divino y a la comprensión de las energías sutiles.)

La célula muscular necesita oxígeno para funcionar. Lo capta por los glóbulos rojos arrastrados por la circulación sanguínea. Pero tiene necesidad de una hormona tiroidea, la tiroxina, que ayudará a efectuar la transferencia.

Cuando las células musculares han sido solicitadas por cualquier actividad, deben desoxidarse; si no arrastrarán el cansancio y la intoxicación. Es el papel que desempeña la adrenalina. Gracias a este mecanismo, ella posee la facultad de bajar o de aumentar la temperatura corporal. Esta facultad está coordinada por la hipófisis (el Chakra Frontal) a nivel cerebral.

LA GLÁNDULA CORTICOSUPRARRENAL

La glándula corticosuprarrenal segrega la aldosterona y la cortisona –dos hormonas que tienen sobre todo una acción desinflamatoria– así como corticoides sexuales que actúan sobre la vellosidad.

El cortisol tiene varias propiedades. En caso de una deficiencia, por ejemplo, puede inducir riesgos de trastornos emocionales, interiorizados o exteriorizados. Un índice equilibrado de cortisol es un factor de equilibrio y de calma para la personalidad.

En cuanto a la aldesterona, su ausencia ocasiona una deshidratación que evoluciona hacia la muerte súbita, a causa de la pérdida de potasio.

VII – ASPECTOS FÍSICOS UNIDOS   AL FUNCIONAMIENTO DEL CHAKRA BASE

Los problemas y las enfermedades resultantes de la disfunción del Chakra Base son:

– hipertrofia y arteriosclerosis
– hipertensión arterial
– asma y enfisema
– tendencias suicidas
– necesidad excesiva del sueño
– mal de Addison (hipofunción suprarrenal)
– problemas de circulación sanguínea
– úlceras varicosas

- flebitis
- problemas en los pies y en las piernas
- manos o pies fríos
- menstruaciones poco abundantes y dolorosas
- esterilidad
- impotencia
- problemas de funcionamiento de los órganos genitales
- problemas de la estructura ósea
- problemas de la columna vertebral
- estreñimiento
- problemas urinarios e intestinales
- anemia
- anorexia
- bulimia

VIII – ÁNGEL ASOCIADO AL CHAKRA BASE: POIEL
"Dios sostiene el universo"

La función principal de esta categoría de ángeles llamados "Elohim" es la de sensibilizar al ser humano en la experiencia del amor, del estetismo y de la belleza. Este amor estará caracterizado por el desarrollo, en el hombre, de un amor haciendo prueba de ternura, de dulzura, de una gran emotividad y de una gran receptividad al otro.

Su más bella expresión se encuentra en el amor maternal, este amor incondicional de una madre que no pone sus intereses en ella, sino en su hijo. Ella responde a las necesidades de su niño con el desinterés más completo.

El Ángel Poiel lucha igualmente contra toda tendencia a la indolencia, a la pereza y al abandono. Según la Tradición, las personas que tienen un comportamiento amoroso marcado por una gran inestabilidad y una falta de madurez encontrarán a través de este Elohim las energías necesarias para transformarse.

El Elohim Poiel nos enseña que el amor incondicional siempre está en el estado privilegiado que traerá sin ninguna excepción un enriquecimiento mutuo. Empieza por la aceptación de un amor de sí mismo, un amor sin condiciones de lo que somos. Se creó entonces una alquimia magnífica del amor por la cual, al dar, recibimos.

El Ángel Poiel nos ayuda a desarrollar la perseverancia en la acción y un compromiso indefectible con el trabajo, a pesar de todos los obstáculos que puedan surgir. Entonces podemos pedirle que nos ayude en todos nuestros problemas materiales. Sin embargo, recordemos que por la acción de "soltar la presa" recibiremos lo que sea necesario para nosotros para seguir nuestro camino de evolución.

Cuando queremos ganarnos la lotería, tenemos que comprar un boleto. El juego de las Leyes Cósmicas funciona de la misma manera. La fortuna es el resultado de un largo aprendizaje; se adquiere por el don total y sin límites de nuestros valores humanos. Sólo a ese precio se nos dan la fortuna y la prosperidad.

La energía del Ángel Poiel se manifiesta de la siguiente manera. Primero, siembra en nosotros las semillas de un talento futuro y de una fortuna próxima y nos transforma en un "terreno" capaz de asimilar todo lo que hay de utilidad y bueno en el Universo. Después, procura que estas semillas germinen y echen raíz profundamente en nosotros. Cuando empiezan a brotar y a florecer, nos volvemos receptores potenciales del talento o la fortuna que están destinados para nosotros. Apoyados por las fuerzas cósmicas, finalmente recogemos los frutos de esta simiente.

La última etapa consiste en manifestar personalmente las virtudes del Ángel Poiel y a convertirnos nosotros mismos en transmisores del talento o de la fortuna.

El Ángel Poiel nos ayuda a desarrollar la modestia y la moderación. La moderación consiste aquí en adoptar una actitud física, mental o emocional que hará que el otro no se sienta excluido ni herido por lo que hacemos o decimos.

El Ángel Poiel nos ayuda a comprender que en la vida, la ambición no es por fuerza necesaria para lograr las cimas más altas. Nuestras cualidades interiores nos colocan automáticamente en el sitio que es nuestro y en la línea del Universo que nos corresponde.

IX – *MUDRA* ASOCIADO AL CHAKRA BASE

Este *mudra* estimula los cinco sentidos; fortalece todas las estructuras: ósea, celular y sanguínea; permite "despertar" las energías de la tierra y fortalecerlas, aportando así al cuerpo la energía vital; fortalece el cuerpo etérico, lo que aumenta nuestra protección etérica contra las agresiones vibratorias exteriores.

En el plano mental, permite expandir la conciencia facilitando los cambios de estados de conciencia. El *mudra* se forma al unir el anular y el pulgar.

X – MEDITACIÓN EN EL SONIDO
ASOCIADO AL CHAKRA BASE

Siéntense cómodamente…

La espalda recta, los hombros relajados pero no encorvados…

Los pies bien planos en el suelo…

Las palmas de las manos colocadas sobre las rodillas, dirigidas hacia el cielo…

Cierren los ojos y respiren profundamente dos o tres veces…

...

Ahora lleven su atención a su respiración...

Simplemente percíbanla...

Simplemente observen el movimiento del aire en sus pulmones...

...

Ahora lleven suavemente su atención a las hendiduras de las palmas de sus manos...

Simplemente percíbanlas...

Quizás sientan un hormigueo, una picazón...

Simplemente siéntanlos...

...

Ahora lleven suavemente su atención a las hendiduras de las plantas de sus pies...

Simplemente percíbanlas...

Tal vez sientan movimientos de la energía...

Percíbanlos...

Acéptenlos...

...

Ahora lleven suavemente su atención al nivel de su Chakra Base...

Está situado entre el ano y los órganos genitales...

Obsérvenlo simplemente...

Percíbanlo...

Quizás sientan una picazón, cierto calor que se difunde en la base de su columna vertebral ...

Percíbanlo...

Contémplenlo...

...

Suavemente aparece el color rojo en el sitio de su Chakra Base...

Este color empieza a irradiar cada vez más fuerte...

Es de un rojo brillante...

Bermellón...

...

Ahora ven que aparecen filamentos que salen de este color...

Raíces...

Como las raíces de un árbol...

Ustedes SON un árbol...

...

Las raíces descienden suavemente por sus piernas y pasan por sus pies...

Gradualmente se van hundiendo en el interior de la Tierra...

Profundamente...

...

Van a buscar en el centro de la Tierra la energía que los llena...

Siéntanla...

Acéptenla...

...

La Tierra les transmite su fuerza...

Su generosidad...

Su protección...

Siéntanla...

...

Ahora respiren profundamente durante algunos minutos, sintiendo la fuerza y la generosidad de nuestra Madre la Tierra...

...

Ahora lleven suavemente su atención a la altura de su frente...

A un punto situado entre las cejas, un poco hacia atrás en la frente...

Y ahí, visualicen un cuadrado...

Cuadrado, el símbolo del elemento Tierra...

Visualizando este cuadrado, se ponen en correspondencia con la energía de todos los arquetipos relacionados a la Tierra...

...

Visualizando todavía este cuadrado, pronuncien interiormente en la nota musical *do*, la palabra LAM...

Pronúncienla varias veces, todo el tiempo mientras exhalan, sin forzar la exhalación...

Hagan siete exhalaciones, pronunciando varias veces la palabra LAM...

...

Se dejan llevar unos instantes por la energía de este Mantra...

...

Ahora regresan suavemente a la conciencia del "Aquí y el Ahora".

Abran suavemente los ojos...

Estírense...

Están AQUÍ...

Aquí y Ahora.

XI – MEDITACIÓN EN EL COLOR
ASOCIADO AL CHAKRA BASE

Siéntense cómodamente...

Su cuerpo está bien instalado...

Están sentados, con la espalda recta, los hombros relajados pero no encorvados...

Ocupen todo el espacio que necesiten...

Coloquen sus pies planos en el suelo...

Las palmas de las manos volteadas hacia el cielo, colocadas sobre las rodillas...

...

Ahora lleven suavemente su atención a su respiración...

Simplemente percíbanla...

Siéntanla...

Se instala ahora suavemente en su vientre...

Suavemente...

Profundamente...

Su aliento desciende cada vez más bajo, en su vientre...

...

Sienten que su cuerpo se vuelve pesado...

Pesado...

Cada vez más pesado...

Sienten que sus piernas se vuelven pesadas...

Cada vez más pesadas...

...

Sienten que sus pies se vuelven pesados...

Cada vez más pesados...

...

Su cuerpo se vuelve pesado...

Cada vez más pesado...

...

Sienten, poco a poco, que se hunden en la Tierra...

Suavemente...

...

Sienten la frescura de la Tierra...

¿Quizás tienen temor?

Simplemente perciban este temor y déjenlo pasar...

No les pertenece...

Simplemente percíbanlo y déjenlo pasar...

...

Ahora desciendan más y más profundamente al interior de la Tierra...

Sienten esta Tierra; está fresca...

Es acogedora...

...

Déjense acoger por esta Tierra...

Es su Madre...

La Madre Sustentadora, que les trae lo que necesitan...

...

Ella los nutre...

Ella los protege...

Ella los apoya...

...

Acepten su alimento...

Acepten su consuelo...

...

Ahora descienden cada vez más profundamente...

Poco a poco, ven debajo de ustedes que aparece un pequeño punto rojo...

Un rojo brillante...

Muy luminoso...

...

Este punto crece cada vez más...

...

Es un punto de color rojo sangre...

Sigue creciendo cada vez más...

...

Un color rojo brillante los envuelve...

Es caliente, muy caliente...

Penetran completamente en este rojo...

...

Este rojo es el rojo de la Matriz...

La Matriz de las Fuerzas Originales...

Se sienten bien en este rojo...

...

Vuelven a encontrar su estado original...

Se dejan mecer por este rojo...

Se dejan llevar por este rojo...

Lo viven plenamente...

Sienten que este rojo penetra en todos sus órganos...

La más mínima de sus células...

...

Sientan su presencia...

Sientan su calor...

...

Desde ahora guardarán este rojo en ustedes...

Nunca volverán a ser iguales...

Siempre serán capaces de volverse a conectar con esta energía de la Tierra Sustentadora...

...

Ahora vuelven a subir suavemente a la superficie de la Tierra...

Vuelven a establecer contacto con sus percepciones físicas...

Se estiran suavemente...

Abren los ojos suavemente...

Están AQUÍ...

Aquí y Ahora.

Capítulo IX

El Chakra Sacro

*COMPRENDER SU KARMA POR
EL TRABAJO EN EL CENTRO. EL
RE-DESCUBRIMIENTO DE SU IDENTIDAD*

I – DEFINICIÓN Y FUNCIONES

Chakra *Svadhistana*

Palabra de poder: "En medio de ti, yo soy el Santo". (Salmo 11:9)

"Una nueva creación." (1 Cor. 5:17)

El término *svadhistana* está compuesto por dos palabras sánscritas: *sva*, que significa "Uno Mismo", y *adhistana*, que significa "asiento" o "dominio". Entonces *Svadhistana* es el Dominio de Mí.

Por consiguiente, comprendemos de inmediato que el Chakra Sacro es el dominio de nuestra Identidad Profunda, el punto de conexión entre nuestro cuerpo físico y nuestra alma. Una energía débil en el nivel del Chakra Sacro nos llevará, entre otros problemas, a una crisis profunda de identidad.

El Chakra Sacro está unido a lo que la Tradición llama la "Mónada". Se trata, si puedo permitirme simplificar también excesivamente este gran concepto, de una célula, más bien debería decir LA Célula, presente en el plano físico, que contiene la totalidad de

75

la información relacionada con nosotros desde el inicio de nuestro ciclo de encarnaciones.

Entrar en contacto con la Mónada equivale a concientizar y recordar la totalidad de nuestra historia, desde el inicio de los tiempos. La energía que hemos concientizado, al nivel del Chakra Base, se afina progresivamente, llegando al nivel del Chakra Sacro, para transformarse en energía de creación.

La concientización de la energía del Chakra Sacro nos permite transformar las energías vitales abastecidas por el Chakra Base en una energía de creación. Entonces el Chakra Sacro es asimismo el Chakra de la Fuerza Creadora. Es responsable de la vitalidad y la creatividad y especialmente de su más bella expresión, la energía sexual.

EL CHAKRA SACRO Y EL CUERPO ETÉRICO

El Chakra Sacro gobierna el plano etérico; lo alimenta con la energía vital abastecida por el Chakra Base y así le da la fuerza de cohesión al cuerpo físico.

El cuerpo etérico, así como lo vimos en el capítulo dedicado a los diferentes cuerpos, es la estructura sobre la cual se construye el cuerpo físico. Le transmite a éste las energías del prana, con el fin de vitalizarlo. El cuerpo etérico es el campo dentro del cual se encuentran los mundos físico y espiritual; la acción del Chakra Sacro nos permite entrar en comunicación con los diferentes planos de nuestro cuerpo y de hacer el enlace entre éstos y nuestra sensación física. Los Chakras Mayores, que es el tema de esta obra, se sitúan en este plano.

El plano etérico se divide en cuatro subplanos:

- el éter químico, que permite la asimilación de las substancias abastecidas por la alimentación así como la eliminación de ciertos desechos del organismo;
- el éter vital, que transmite la actividad sexual;
- el éter lumínico, que transmite la actividad sensorial;

- el éter reflector, que transmite la actividad evocadora y el contacto con el plano mental.

Es importante recordar que cuando el Chakra Sacro deja de funcionar, la muerte física es inevitable, el cuerpo físico ya no es alimentado por las energías del prana que transitan por el cuerpo etérico. Las funciones vitales entonces se apagan.

Se pueden diagnosticar muchas disfunciones en este plano; si la armonización de las energías no se efectúa, resultará en enfermedades, que siempre son la materialización de una mala atención a nuestro ser profundo.

Por lo tanto el Chakra Sacro siempre está vinculado al cuerpo etérico, a nuestra cohesión y a la energía que habita en nosotros. Esta energía de creación encuentra su expresión en la actividad sexual, que estimula nuestra fuerza de reproducción e igualmente en nuestra actividad y nuestra actividad sensorial. (Realmente, es éste el que sirve de vehículo a la actividad sensorial.)

EL CHAKRA SACRO Y LA LEY DE ATRACCIÓN

El Chakra Sacro igualmente está unido a la circulación de los fluidos en el cuerpo físico así como en los otros planos. Por lo tanto está relacionado al sentido del gusto y al elemento Agua.

El Chakra Base nos hizo reflexionar en la relación entre el Espíritu y la Materia, entonces con el Chakra Sacro, llevamos nuestra atención a la Ley de Atracción, es decir a la relación con las cosas, la atracción ejercida por las cosas materiales, pero también la atracción afectiva, física y sexual.

Referente a esto, entonces podemos plantear las siguientes preguntas:

- ¿Qué tipo de relación tengo con respecto al mundo?
- ¿De qué manera comprendo las fuerzas de atracción y de repulsión que se manifiestan en mi relación con el entorno?
- ¿Cómo ME percibo con respecto a las fuerzas de atracción que habitan en mí?

– ¿Es que estoy sometido a éstas? ¿O bien, las he integrado?
– ¿Cuáles son mis relaciones con el otro sexo?
– ¿Son armoniosas? ¿Tensas?
– Si son tensas, ¿estas tensiones podrían deberse a una relación mal comprendida con mi ser interior?

EL CHAKRA SACRO, FUENTE
DE NUESTRA DIVINIDAD

El Chakra Sacro nos lleva sin cesar a su primer sentido: la palabra "Sacro".

Es el único Chakra que se llama Sacro. Es Sacro porque es el Asiento de nuestro Yo. Y nuestro Yo es Sagrado. Nuestro Yo es la Chispa Divina que nos acompaña a todo lo largo de nuestras encarnaciones. Nuestro Yo es la Mónada.

Al volvernos a conectar a nuestro Yo, a nuestra Identidad, volvemos a establecer la conexión con la Mónada (o el átomo-germen, según el nombre dado por otras Tradiciones). Así volvemos a entrar en relación con todo el capital de experiencias que hemos acumulado en el transcurso de nuestras encarnaciones.

El Conocimiento y la Sabiduría están presentes en cada uno de nosotros. No tenemos la necesidad de intentar buscarlos en el exterior, en las enseñanzas esotéricas o filosóficas, o en el peligroso itinerario de las búsquedas.

Todos empezamos nuestro ciclo de encarnaciones por la experiencia y el estado del SER DIVINO. Entonces conocemos bien este Estado. El Conocimiento y la Sabiduría están AQUÍ, en el centro de nuestro cuerpo físico, en el hueco de nuestro vientre; nada más nos pertenecen a nosotros, porque somos los solos y únicos en haber acumulado este acervo de experiencias.

Así como lo vimos en el capítulo precedente, el estudio de la relación existente entre nuestro cuerpo físico y el Universo nos lleva a la comprensión de éste, a la comprensión del Macrocosmos, por vía del Microcosmos, que es nuestro cuerpo. La energía del Chakra Sacro nos vuelve a llevar a esta Fuente.

Entonces podemos hacer nuestro el siguiente aforismo:

CONÓCETE A TI MISMO, Y TE DIRÉ QUIÉN ERES,
O MÁS BIEN DIOS TE DIRÁ QUIÉN ERES.
PERO NO TENDRÁ QUE DECÍRTELO,
*PORQUE **TÚ ERES DIOS**.*
ENTONCES ES SUFICIENTE CON
QUE TE CONOZCAS A TI MISMO,
Y ENCONTRARÁS A DIOS.

EL CHAKRA SACRO Y EL CENTRADO

El Chakra Sacro constituye probablemente una de las principales fuentes de armonía. Haciendo un trabajo de concientización de las energías de este Chakra, aprendemos a llevar nuestras fuerzas vitales al Centro de nuestro cuerpo, al Centro de nuestro vientre.

Desde hace siglos, el hombre materialista vive una enorme paradoja en este sentido, porque hay que darse cuenta que el reconocimiento del Yo, no es un concepto cualquiera o una idea fugaz que nos hacemos de nuestra identidad y que vamos a buscar en alguna parte de nuestra cabeza o de nuestro intelecto. El reconocimiento (tomado en su sentido etimológico: "nacer-de nuevo-con") de Uno Mismo se encuentra en la conexión con nuestro vientre, el vientre, esta parte de nuestra anatomía tan deshonrada por la cultura Judeocristiana. El vientre, fuente de vida y fuente de energía sexual, desterrado y omitido en nuestra enseñanza Cristiana.

Al empezar este camino, descubrimos la paradoja del "hombre pragmático y científico" que, por haber perdido el contacto con su vientre, perdió su Identidad.

El Occidente ha publicado millones de libros sobre la búsqueda de la Existencia, ha escrito millones de páginas sobre la noción del ser. Sin encontrar jamás la respuesta. Simplemente porque el Occidente ha olvidado que esta respuesta se encontraba en el vientre y no en la cabeza.

Los Orientales nunca han tenido este error fundamental, y es por una buena razón. Es que todas las enseñanzas tradicionales, así como la práctica de la meditación y de las artes marciales, favorecen el trabajo en el *hara*, en el *ki* o *tchi*, dicho de otro modo en el Centro.

Cuando estamos centrados, conservamos el contacto con nuestra Fuente Interior, con nuestro Yo, con nuestra Alma. Entonces encontramos la actitud justa, la palabra justa, la decisión justa y la acción justa, porque nuestra posición nos pone en completa armonía con el Programa de Vida, con el camino de experimentación que nuestra alma ha escogido vivir en la encarnación actual.

Por consecuencia, cuando tomamos una decisión, ya no existe en nosotros este pequeño pellizco, esta ligera duda, esta punta de insatisfacción que nos dejan en un estado de malestar enquistado y nos hacen comprender que no estamos realmente en el Camino de nuestra Alma. Al estar centrados, estamos en comunicación con nuestro "banco de datos interior" (la Mónada); entonces ya no estamos tentados a repetir las experiencias que ya tuvimos, en esta encarnación o en las vidas precedentes. Experimentaremos realmente el Plan de Vida que nuestra alma concibió antes de encarnarse en el vehículo físico que es el nuestro.

Por consecuencia, cualquiera que sea el tipo de experiencia o de dificultades que pide nuestra alma que experimentemos, siempre estamos en total armonía y en perfecta plenitud con los sucesos que vivimos, por difíciles que puedan ser, porque tenemos el conocimiento interior, profundo e inquebrantable que hemos elegido vivir esta experiencia. Entonces nos damos cuenta que esta experiencia constituye un factor fantástico de evolución.

Este estado del ser nos da un enorme retroceso con respecto a los sucesos que vivimos. Los consideramos de una manera desprendida, como espectadores de nuestra vida. Cuando estamos ante una situación difícil, nos comprometemos más en el plano emocional.

EL CHAKRA SACRO Y LA ALIMENTACIÓN

Otro aspecto del Chakra Sacro está relacionado con las funciones que asume, es decir con la alimentación, la regulación y la armonización de los fluidos que circulan por nuestros cuerpos. Digo bien "nuestros cuerpos", porque el Chakra Sacro tiene, en el plano sutil, por medio del riñón, la misma acción de drenaje que éste. Activa el riñón, bombeando las toxinas del cuerpo físico, al mismo tiempo que las de los cuerpos sutiles.

Si debemos utilizar una metáfora, diríamos que el Chakra Base representa los ladrillos de nuestro cuerpo físico y el Chakra Sacro, el cemento que los une. Ahora bien, una de las energías principales que componen este cemento es la alimentación.

Entonces ahora vamos a ver que una de las formas principales de transformación y de regulación de la energía del Chakra Sacro pasa por la comprensión y la gestión de nuestra alimentación.

Podemos abordar el trabajo con el Chakra Sacro por una sobriedad en la alimentación.

La alimentación y la ingestión de productos que nos proporcionan ya sea una energía etérica (dicho de otro modo, una energía viva) conveniente y eficaz en todos los planos de la vida, ya sea una energía etérica mediocre, según los alimentos consumidos.

Aquí es donde se ubica el debate tan controvertido del vegetarianismo.

Pero no sería más que cuestión de sectarismo, en un sentido o el otro. La alimentación es una elección personal y no seremos más espirituales porque de la noche a la mañana, hayamos decidido convertirnos en vegetarianos.

De hecho, el paso de una alimentación carnívora a una alimentación vegetariana debe hacerse a un ritmo adecuado para cada uno y según la elección personal de cada cual. Aquí conviene hacer una advertencia referente a cualquier obligación en este tema. Quisiera partir de mi propia experiencia, de mi vida personal en este dominio.

Desde hace muchos años, comprendí y conservé los argumentos predicados por los partidarios de una alimentación vegetariana, pero sólo en el plano intelectual. Admitía el bien fundado, de todos modos sin poder integrarlo en mi vida cotidiana. No tenía ningún deseo de abandonar mi alimentación carnívora y me mantenía fiel al tipo de alimentación que había sido mío desde muy joven.

En un momento dado de mi vida, unas semanas después de haberme comprometido de una manera consciente en el camino espiritual, sentí que ya no podía seguir comiendo carne. Ni tampoco seguir con cualquier análisis intelectual, pero ante todo simplemente porque ya no sentía deseo.

De hecho, y esto lo comprendí mucho más adelante, mi cuerpo físico cambiaba de frecuencia vibratoria y la frecuencia vibratoria de la carne ya no estaba en armonía con la que estaba entrando en ese momento. Para tener más información de este tema, consulten el excelente libro de Gabriel Cousens, publicado por las Editions Soleil y titulado *Nutrition spirituelle*[1]. Esta obra explica perfectamente el proceso de paso de una alimentación de tipo carnívoro a una alimentación vegetariana.

La conclusión que podemos sacar de esta experiencia es que cada uno debe hacerlo según lo sienta. El cuerpo tiene necesidades y nos las hace sentir. A nosotros nos toca escucharlo.

Mucha gente se ha encontrado presa de graves carencias alimenticias por no haber tenido en cuenta estas indicaciones. De la noche a la mañana, tomaron la decisión de cambiar radicalmente sus hábitos alimenticios, sin respetar ni escuchar los "mensajes" de su cuerpo.

Una regla: hacer las cosas progresivamente escuchando los mensajes de su cuerpo y sus deseos.

Regresemos ahora al mecanismo que rige nuestra alimentación.

En el plano químico, son mínimas las diferencias entre los vegetales y la carne animal. Los dos le dan a nuestro organismo cierta cantidad de nutrientes teniendo componentes que no son fundamentalmente diferentes. Sin embargo, es muy diferente en lo que concierne al plano energético.

Tomemos el ejemplo de los vegetales crudos. Estos tienen una carga muy importante de fuerza etérica, que es directamente pro-

---

[1] Nutrición Espiritual.

porcional al tipo de método utilizado para su cultivo (industrial o biológico) y al tiempo que ha pasado entre su cultivo y su consumo.

Cuando los consumimos, absorbemos una cantidad importante de energía vital (o etérica), que va a alimentar nuestra propia energía etérica y "cimentar" o unir los "ladrillos" de nuestro cuerpo. El problema, en nuestra sociedad, es que asimilamos una gran cantidad de químicos, es decir de substancias básicas para construir nuestro organismo, pero no suficiente energía vital. Consecuencia: en un momento dado, a los ladrillos les falta cemento, y el edificio se derrumba.

Ahí tenemos una de las causas principales ocultas del desmoronamiento de nuestro organismo, que puede sobrevenir sin que haya una razón precisa aparente. Simplemente se trata de desgaste del "mecanismo". Es por eso que se recomienda adoptar una alimentación que va a favorecer los productos fuertemente cargados de energía vital, en detrimento de las carnes que están más bien carentes.

Aquí se plantea otro problema. Como todo sistema celular, la carne contiene un cuerpo etérico, un cuerpo astral y, muy evidentemente, una memoria celular. En este cuerpo astral y esta memoria celular se encuentran inscritos todo el estrés, todas las emociones que el animal pudo acumular a lo largo de toda su vida, tanto por las condiciones de la cría industrial como por las condiciones de la matanza, siempre con mucho sufrimiento. Todo esto sin hablar de las substancias bioquímicas ingeridas por estos animales y siempre presentes en su carne.

Cuando comemos esta carne, absorbemos todos los componentes, es decir las memorias y las substancias bioquímicas. Es inútil insistir en el daño que ocasiona a nuestros planos vibratorios. Nuestro organismo entonces está obligado a tomar de sus propias reservas energéticas para volver a equilibrar el déficit ocasionado por la ingestión de la carne y para eliminar los "parásitos astrales" asimilados por los cuerpos sutiles.

En cambio, cuando comemos un vegetal crudo, no estamos consumiendo un alimento muerto. El vegetal crudo siempre está vivo.

Este vegetal contiene una fuerza vital, una fuerza invisible. Si bien a partir del momento en que alimentamos este organismo, absorbemos al mismo tiempo esta fuerza de vida. Esto va a ser captado y luego distribuido en todo el cuerpo, fortaleciendo nuestro cuerpo etérico y dándole una vitalidad mayor. Este cuerpo etérico entonces va a poder protegernos de interferencias exteriores, así como de enfermedades, de estados depresivos y de la influencia vibratoria negativa de otras personas. Va a aumentar nuestra fuerza moral y nuestra capacidad para enfrentar las pruebas.

Hay que señalar, en cambio, que cuando cultivamos este tipo de conciencia, puede suceder que tengamos el sentimiento de actuar como verdaderos antropófagos: comer un ser vivo, fruta o legumbre, podrá parecernos insoportable. Entonces tendremos que tener en cuenta las cosas. Ya que no somos como ciertos yoguis, que se alimentan exclusivamente de prana y de agua, debemos hacer ciertas concesiones para asegurar nuestra supervivencia. Pero de todos modos podemos agradecerle a nuestros amigos los vegetales por darnos su vida y comerlos con el profundo respeto que les debemos.

Resulta con estas explicaciones que la alimentación es fundamental para el equilibrio del Chakra Sacro, pero, y lo han comprendido, se tratará de una alimentación cruda, porque entre más se cuezan los vegetales, más se destruirá esta fuerza vital. Las conservas, por ejemplo, son alimentos que no poseen más que su naturaleza química.

Así vemos claramente una de las causas fundamentales de la crisis de identidad que afecta al Occidente, porque éste ha perdido por completo sus referencias y sus valores. La alimentación de tipo industrial que es la nuestra, contribuye de una manera sumamente importante a una pérdida de centrado.

Casi todo el tiempo comemos de una manera mecánica, sin conciencia, ignorando que las substancias que ingerimos por automatismo crean un desequilibrio de nuestro ser interior y nos impiden "dialogar" con nosotros mismos. Entonces vamos a poder emprender todos los caminos posibles para volver al equilibrio. Si no empezamos a comer "conscientemente", casi todos nuestros esfuerzos serán aniquilados y nuestro malestar perdurará.

EL CHAKRA SACRO Y LA PAREJA

El Chakra Sacro es el que rige nuestra Fuerza Creadora y, por consecuencia, la primera de nuestras energías creadoras, la energía sexual. La armonización del Chakra Sacro pasa entonces por una buena comprensión y una buena integración de las energías sexuales y no por su ocultación, así como muchas enseñanzas lo han ponderado, en el transcurso de los siglos precedentes.

Hemos visto que el desequilibrio de las energías del Chakra Sacro se traducían en una ausencia de centrado y de conexión con nuestro ser interior. Entonces nos es fácil comprender como los siglos de "terrorismo sexual" pudieron representar una fuente de descentrado para el conjunto de sociedades occidentales y por qué motivo la civilización occidental, basada en la apariencia, ha perdido la totalidad de sus fundamentos. De hecho, el primer Maestro o el primer Gurú que tenemos en nuestra vida cotidiana es nuestro compañero o nuestra compañera.

El "Otro" es el espejo de nuestra dualidad masculina-femenina. Es decir que nuestra compañera va a ser el reflejo perfecto de la parte femenina que está en nosotros o nuestro compañero, el espejo perfecto de la parte masculina que está en nosotros. Por lo tanto nuestra pareja nos lleva siempre a nosotros mismos; lo que nos lastima o nos provoca en el otro se relaciona a cierto número de factores que no hemos integrado y que muchas veces nos negamos a ver o a vivir en nosotros mismos.

Este mecanismo del "efecto espejo" vale igualmente en cualquier persona que se encuentre frente a nosotros y que suscite tensiones o relaciones conflictivas.

Sin embargo, en el caso de una pareja, este mecanismo nos lleva entonces más lejos, ya que éste nos permite a través de una relación sexual armoniosa, reconstituir nuestra Unidad, es decir la integración perfecta en nosotros de las polaridades masculina y femenina. Esta acción nos devuelve nuestra unidad original y el Hermafrodismo Divino que era nuestro estado de armonía inicial antes de la Primera Encarnación y el principio de nuestra experimentación de la dualidad.

Es raro que este mecanismo se explique claramente. A partir del momento en que nos damos cuenta que todo lo que nos rodea tiene este efecto del espejo, podemos utilizar nuestra vida cotidiana como un "banco de datos" maravilloso. Esto podrá hacer que nos rechinen los dientes. Pero entre más entremos en este mecanismo veremos las situaciones que nos agreden o nos molestan con más sentido del humor.

Como lo dijo el sabio Hindú Sathia Saï Baba:

"Recuerden que todo esto no es más que una pieza teatral y que el Señor les ha destinado un papel. Actúenlo lo mejor posible, ahí es donde termina su tarea."

Entonces le agradecemos a nuestro compañero o compañera por querer ser nuestro Instructor.

EL CHAKRA SACRO Y LA MADRE

No me entretendré aquí en la relación kármica con la madre, una noción que explicaré más detalladamente en el siguiente capítulo. Simplemente quisiera atraer su atención a una de las fuentes principales de descentrado en nuestra época. Se trata de la pérdida de contacto con nuestra madre interior, es decir la parte femenina o intuitiva que se encuentra en nosotros.

Tomaré un ejemplo para ilustrar este mecanismo.

Gran parte de la gente de mi generación (cumplí cuarenta años este año) ha vivido la intensa indulgencia en cuestión, de la sociedad y de la pareja, que siguió a los sucesos del año 1968 en Francia. Se trataba ante todo, si puedo abreviar así la situación, del rechazo a manifestar el cumplimiento de los valores tradicionales y sobre todo la posición de la mujer en la sociedad. Este cuestionamiento era totalmente legítimo, pero como todo mecanismo de nivelación, dio lugar a un retorno brusco del balancín. Así la mujer se dedicó a desarrollar las cualidades masculinas de independencia, algunas veces en detrimento de sus cualidades femeninas de intuición y creatividad. Para el hombre, resultó en la dificultad para ubicarse, dividido como estaba, entre una sociedad y una educación "machistas" por un lado y la sensibilidad que se negaba a expresarse, por el otro.

Esta dificultad de ubicación creó distorsiones energéticas respecto a los arquetipos cósmicos del Hombre y de la Mujer. La mujer cultivaba las energías de autoridad –que son parte del arquetipo masculino– para afirmar su independencia y el hombre, para defender sus posiciones, negaba su sensibilidad para no debilitar su base.

Por lo tanto nos encontrábamos en una fuente doble de descentrado por el rechazo de las dos partes de reconocer el arquetipo de la Mujer.

Muchas veces este tipo de dificultades de ubicación es lo que va a crear en la pareja un polo de descentrado de las energías femeninas.

La relación con la madre es otro ejemplo del mismo fenómeno. Intentaremos explicarlo en el capítulo siguiente, en la sección titulada "El Chakra Solar y el Padre".

EL CHAKRA SACRO Y LAS TÉCNICAS DE REGRESIÓN

Ya comprendimos ahora que el trabajo en la energía del Chakra Sacro siempre nos llevaba a nuestro centro, a nuestra propia historia.

Por consiguiente podemos descifrar, si es el momento oportuno para nosotros, algunos sucesos relacionados con nuestras existencias anteriores, de modo que comprendamos el sentido de nuestro karma.

Las regresiones a las vidas anteriores efectuadas en el transcurso de una terapia resultan por la activación de la transmisión de energía a nivel del Chakra Base y del Chakra Sacro, o por técnicas basadas en el empleo de ciertos sonidos. Al efectuar un trabajo de armonización del Chakra Sacro, igualmente podemos vivir algunas regresiones espontáneas que nos dan indicaciones en los sucesos de nuestra vida actual. Reconozco que tengo preferencia por el primer método, más que el que utiliza los sonidos; éste, para mi gusto, "fuerza las puertas."

El primer método hace un llamado al movimiento natural de las energías que se adaptan, en armonía con las Leyes Universales, cuando llega el momento para que nosotros sepamos. Si no es el caso, el proceso no se enlazará.

Aquí quisiera advertirle a las personas que estén tentadas a hacer "un recorrido turístico por las vidas anteriores." Si "forzamos las puertas", tendremos acceso a información que probablemente no será la que debemos recibir para ayudarnos en nuestro camino de evolución. Puede tener como consecuencia graves daños en los planos psicológico, psíquico y espiritual: fenómenos de desdoblamiento, fugas energéticas, depresión, etcétera.

La terapia de regresión puede ser necesaria para algunos, para *des*cristalizar los "cerrojos energéticos" importantes que no podrían suprimirse con otros métodos terapéuticos. Si la reconexión con estos recuerdos realmente es parte de nuestro camino de evolución, podemos confiar en los guías que nos acompañan en los planos sutiles. Encontraremos un terapeuta competente que nos hará entrar al conocimiento de estas vidas.

Sin embargo, debemos estar conscientes que el hecho de nacer ignorando estas vidas constituye una protección contra una gran cantidad de choques emocionales que muchas veces resultan en muertes o existencias difíciles. El recuerdo de nuestras existencias anteriores no necesariamente nos hace revivir los sucesos agradables.

Si no ha llegado la hora para que se nos ponga frente a este conocimiento y si de todos modos emprendemos este camino, instalándonos en el "querer" en vez de entregarnos a la Divinidad, corremos el gran riesgo de toparnos con terapeutas incompetentes.

Sin embargo, existen ciertos criterios de selección en lo que respecta a la elección de un terapeuta. El terapeuta competente es el que, después de haber intentado disuadirnos de emprender este paso, nos pedirá que le hagamos partícipe de nuestras motivaciones profundas. Si comprueba que nuestra necesidad es auténtica y profunda, aceptará acompañarnos en este proceso, pero nos advertirá: si no debe pasar nada, no pasará nada.

No siempre se consigue lograr con éxito una regresión.

EL CHAKRA SACRO: LAS BASES DEL EDIFICIO

Hemos comprobado, a lo largo de toda esta exposición, que el trabajo de centrado constituye una etapa fundamental para una persona comprometida en el Sendero de la evolución.

Al trabajar en nuestro centro, adquirimos la comprensión de nuestro karma, lo que nos permite volver a equilibrar las energías y luego pasar a otras experiencias de vida.

No es ninguna casualidad que todas las grandes Tradiciones propaguen las virtudes de la oración y la meditación. Todas estas técnicas son métodos de centrado que le permiten al cuerpo físico comunicarse con el alma y recibir de ésta los "mensajes" destinados a guiar nuestro camino de evolución.

Por lo tanto es ilusorio comprometerse en un camino cualquiera sin haber pasado antes por la *re*armonización de los dos primeros Chakras. Si hacemos caso omiso a esta obligación, intentemos asegurarnos colocando un mecanismo de salida, la salida de esta "materia" que nos da tantos problemas y con la cual nos sentimos tan mal. Pero entonces no hacemos más que aplazar nuestro camino, que consiste en encarnar el espíritu en la materia. Entonces vivimos en un estado de insatisfacción permanente, que no podrá atenuar ninguna terapia, ninguna oración y ninguna acción de servicio a los demás.

Lo que se nos pidió, es primero tomar pleno conocimiento del objetivo de nuestra encarnación, que no se puede hacer más que por la armonización de los dos primeros Chakras. Luego, en cuanto se hayan colocado las bases del edificio, las bases de nuestro camino espiritual, podemos orientarnos hacia los objetivos más elevados, que vamos a intentar definir en los siguientes capítulos.

La cualidades que el Chakra Sacro permite adquirir son:

– la palabra justa
– la decisión justa
– la acción justa
– la fuerza de la creatividad
– la concentración
– la memoria
– la estabilidad
– el conocimiento del objetivo de la encarnación.

Los defectos asociados con una disfunción del Chakra Sacro son:

– la dispersión
– la "distracción"
– un carácter demasiado emotivo o demasiado mental
– la cólera
– la indecisión
– la falta de confianza en uno mismo
– la falta de vitalidad.

II – ELEMENTO CORRESPONDIENTE AL CHAKRA SACRO: EL AGUA

El símbolo del Agua comprende tres temas dominantes:

– El Agua, fuente de la vida
– El Agua, medio de purificación
– El Agua, centro de regeneración.

Las Aguas, como símbolo del océano indiferenciado, representan la infinidad de las posibilidades. Contienen todo lo virtual, lo informal, el germen de los gérmenes y todas las promesas de desarrollo. En potencia son todo. Al sumergirse en las aguas y al salir sin estar totalmente disuelto, regresamos a las fuentes; nos reabastecemos yendo a tomar una fuerza nueva en un depósito de potencial infinito. (Les aconsejaría en este punto, que estudien el simbolismo del bautismo y de la iniciación.)

En la Tradición Hindú, los Vedas exaltan las Aguas que dan vida, fuerza y pureza en el plano físico, igual que en el plano espiritual. En Asia, el agua es la substancia de toda la manifestación, el origen de la vida. Simboliza la pureza, la sabiduría, la gracia y la virtud. Es la disolución pero también la coagulación. El Agua es la *Materia Prima*.

El Génesis nos dice: "*El Aliento o el Espíritu de Dios está latente en la superficie de las Aguas*".

Las Aguas representan la totalidad de las posibilidades de la manifestación. En todas las Tradiciones, el Agua es el instrumento de la purificación ritual.

Como origen y vehículo de toda la vida, el agua es el símbolo del Prana en las Tradiciones Tántricas. En las Tradiciones Judías y Cristianas, simboliza el origen de la creación. Se le considera como el Hierofante, los arroyos son los agentes de la fertilización divina.

Pero existe un tipo de agua más misteriosa, es la que revela la Sabiduría. Es la que dirigió la formación de las Aguas, en el momento de la creación.

La Tradición nos transmitió esta máxima: "*En el corazón del Sabio, radica el agua. El Sabio se parece a un pozo o a una fuente. Sus palabras tienen el poder del torrente.*"

Es símbolo de la vida en el Antiguo Testamento, y es símbolo del Espíritu en el Nuevo Testamento. Jesús decía: "*El agua que le daré, se convertirá en él en una fuente de agua, manando vida eterna.*" (Juan 4:14).

El agua es símbolo de regeneración: el agua bautismal lleva a un nuevo nacimiento. El Agua también puede ser origen de muerte. En la Biblia, las grandes aguas anunciaron las pruebas. El desencadenamiento de las aguas es el símbolo de grandes calamidades. El símbolo del agua está asociado con la sangre: la sangre celeste está asociada con el Sol y el Fuego y la sangre menstrual, con la Tierra y la Luna.

Para los Druidas, el Agua es un símbolo de pureza pasiva. Es un medio y un sitio de revelación para los poetas que la invocan para recibir las profecías. Meditar frente a una superficie de agua nos permite ver en el porvenir del alma.

El Agua es la fuente de fecundación del alma, el río, el arroyo y la mar representan el transcurso de la existencia humana, o las fluctuaciones de los deseos y de los sentimientos. El Agua representa las energías inconscientes, los poderes no manifestados del alma, sus motivaciones ocultas y desconocidas.

En el plano más práctico, es posible realizar algunos ejercicios de armonización del Chakra Sacro basados en el Agua.

El agua es el mejor apoyo para regenerar la energía vital. Evidentemente podemos empezar por consumir agua en grandes cantidades. Es el medio más eficaz para vitalizar nuestro cuerpo.

Durante una abstinencia del Chakra Sacro, hay que ir a buscar toda la energía vital posible. Podemos, por ejemplo, tomar agua y vitalizarla magnetizándola o exponiéndola a la luz del sol durante algunas horas.

Para magnetizar el agua, la vaciamos en un vaso y colocamos nuestras manos alrededor del vaso, respirando profundamente varias veces. Después de algunas respiraciones, retenemos nuestro aliento, inmediatamente después de una inhalación profunda. Durante la retención de nuestra respiración, vamos a visualizar en ese momento una luz blanca que entra por la parte superior de nuestra cabeza, que desciende por dentro de nuestra cabeza para introducirse después en nuestros pulmones y se desliza por nuestros brazos, hasta el vaso que tenemos en nuestras manos...

Repetimos la operación varias veces, hasta que sentimos que el agua está suficientemente cargada de luz.

El agua tiene la particularidad de imantar la energía vital; al beber esta agua magnetizada, ingerimos la Luz Blanca. Podemos hacer lo mismo con los alimentos.

III – NÚMEROS ASOCIADOS CON EL CHAKRA SACRO: EL 5 Y EL 9

EL NÚMERO 5

El Número 5 es la suma del primer número par (2) y del primer número impar (3). Es el punto medio de los nueve primeros números.

Este número es el símbolo de la unión. Es un número nupcial, pero también es el número del centro, de la armonía y del equilibrio. Es el número del matrimonio del principio celeste (3) y del principio terrestre de la madre (2).

El Número 5 es el símbolo del hombre (con los brazos estirados, representa la estrella de cinco puntas, con los dos brazos, las dos piernas y el torso, que aloja el centro del corazón, coronado con la cabeza). También es el símbolo del Universo, con sus dos ejes, uno vertical y el otro horizontal, que pasa por un mismo centro; es el símbolo del orden y de la perfección. Representa igualmente los cinco sentidos y las cinco formas sensibles de la materia, es decir, la totalidad del mundo sensible.

En China, este número es el del Centro, de la tierra; es la suma de las cuatro regiones cardinales y del centro: el Universo manifiesto. En el Budismo Japonés, es el número de la perfección integrada, mientras que para los Mexicanos, simboliza el paso de una vida a la otra por la muerte y la unión indisoluble del lado luminoso y del lado obscuro del universo.

El Número 5 representa la conciencia encarnada, la libertad, el cambio, el hombre y la magia. La libertad, es cuando "el alma actúa". Es el poder del hombre en su mundo. El hombre ha superado la prueba de la Materia (4). Entonces se le presenta la prueba de la libertad. En esta prueba es cuando el hombre aprende a ser el Hombre.

El Número 5 le devuelve a sí mismo.

PALABRAS CLAVE ENLAZADAS AL NÚMERO 5

Libertad, Liberación, Liberalización;
Cambio;
Expansión, Ampliación;
el Hombre;
el Cosmos;
el Agua;
las Sensaciones, la Sensualidad;
las Ventanas;
el Horizonte;
los Sentidos, la Esencia;
lo Sensorial, la Sensibilidad;
la Revuelta, la Insumisión;
la Rebelión, la Revolución;
el Humanismo.

EL NÚMERO 9

El Número 9 es un número ritual. Es el número de las Esferas Celestes, los Ángeles estando jerarquizados en nueve coros o tres tríadas.

En China, el 9 es el número de la plenitud, el número de Yang. Los Egipcios lo llamaban la "Montaña del Sol".

La novena representaba la evolución en los tres mundos (divino, material e intelectual) del arquetipo trinitario Osiris-Isis-Horus simbolizando la Esencia, la Substancia y la Vida. Tres era el número innovador y su cuadrado representaba la universalidad.

El 9 es el último número de la serie; anuncia a la vez un final y un inicio, es decir un paso a otro plano. Aquí volvemos a encontrar la noción de un nuevo nacimiento, de germinación. El nueve también significa "nuevo". Abre la fase de las transmutaciones y expresa el final de un ciclo. Entonces es el número de la terminación, del nacimiento.

Este número también es el de los grandes viajes interiores, de la introspección. Es el número del balance, el número retroactivo.

PALABRAS CLAVE ENLAZADAS AL NÚMERO 9

Introspección, Viaje Interior;
Extensión, Amplitud, Expansión;
Secreto, Sagrado, Melindroso;
Emociones, Emotividad;
Equilibrio, Equilibrista;
Curandero, Profesor;
Maestro;
Compasión, Amor;
Humanidad, Generosidad;
Fecundidad, Fertilidad;
Nacimiento, Maternidad, Huevo;
Madurez;
Guía
Hacia la Luz.

IV – COLOR CORRESPONDIENTE AL CHAKRA SACRO: EL COLOR NARANJA

A la mitad, entre el rojo y el amarillo, el naranja es el color que actúa más en los planos bioquímico y biosutil. Situado entre el oro celeste y el rojo carmín, este color simboliza el punto de equilibrio del espíritu y de la libido. Si este equilibrio se rompe, se convierte en la revelación del amor divino, o en el emblema de la lujuria.

El naranja es el color de la túnica de los monjes Budistas y de la cruz de terciopelo de los Caballeros del Espíritu Santo. En el arte religioso, el color naranja simboliza la revelación del Amor Divino. Es igualmente el color del Sol Naciente, que simboliza el despertar de la conciencia.

Una mezcla de rojo y amarillo, este color expresa el amor (rojo), pero matizando este sentimiento con la sabiduría luminosa del oro. Es la inspiración o la intuición, pero está asociado al oro del Verbo y a la Ciencia elaborada por el Espíritu.

Es el color de la unión a Dios y, por consecuencia, de las uniones terrestres.

V – ELEMENTOS PSICOLÓGICOS RELACIONADOS AL CHAKRA SACRO

EL FUNCIONAMIENTO ARMÓNICO DEL CHAKRA SACRO

Si el funcionamiento del Chakra Sacro es armónico, vivimos una total armonía con la dependencia natural de todas las formas de vida y de las emociones, asimismo una apertura a los demás completa y natural, especialmente frente a las personas del otro sexo.

Entonces sentimos que se desliza en nosotros la corriente de vida unida a la Creación y nuestra existencia cotidiana se convierte en un acto de la creación permanente efectuándose en armonía con las Leyes Universales.

Nuestra vida no es más que la creatividad. Nuestros actos son como las simientes de la Creación; ellas fertilizan y armonizan nuestra vida y la de los miembros de nuestro entorno. Ellas se convierten en fuente de armonización para la Humanidad. Sentimos un gozo de vivir permanente; tal como un niño pequeño, vemos la vida con asombro y admiración. De hecho, seguimos siendo perpetuamente el niño pequeño que hemos sido, entusiasmándonos por todo y reaccionando con una espontaneidad completa.

Estamos perfectamente conectados a nuestro Cristo interior y vivimos en armonía con las Leyes Universales, haciendo la acción justa y expresando la palabra justa. Estamos comprometidos en una dinámica de nivelación de nuestro karma, porque al tener conocimiento de los elementos de nuestras vidas pasadas, podemos comprender los sucesos que se nos presentan. Nuestra intuición es total; ella dirige nuestra vida y nos mantiene en el "Camino de nuestra Alma".

La unión sexual con el ser amado nos da toda la posibilidad de vivir en armonía nuestra dualidad masculina-femenina y así nos permite vivir en unidad suprema con la naturaleza y progresar hacia la unidad y la integridad interior.

Estamos dotados con una gran inteligencia, sirviendo a los fines superiores. Estamos llenos de sabiduría, de amenidad. Somos honestos y sociables. Nuestra memoria es excelente y nuestros conocimientos extensos. Nuestro espíritu de observación se conjuga con la intuición. Todo está ordenado y metódicamente colocado.

Por el acto de la meditación, poseemos un espíritu de síntesis, lo que nos permite descubrir las relaciones existentes entre los diversos procesos y liberar las leyes. Vemos en cada ser una creación de Dios y somos tolerantes hacia la naturaleza humana.

En el plano físico, poseemos valor, presencia de espíritu y dominio de nosotros mismos, asociados a las cualidades psíquicas sin igual. Experimentamos muchos sentimientos; amamos a los nuestros y a nuestro prójimo. Somos trabajadores y emprendedores y manifestamos un profundo sentido moral y religioso.

EL FUNCIONAMIENTO INARMÓNICO DEL CHAKRA SACRO

El funcionamiento inarmónico del Chakra Sacro muchas veces se origina en el periodo de la pubertad. El despertar de las fuerzas sexuales muchas veces es difícil de comprender para el adolescente y esto contribuye a desestabilizarlo. Por otra parte, su entorno muchas veces es incapaz de explicarle la naturaleza de estas fuerzas y la forma de utilizarlas.

El adolescente se enfrenta así con una energía que lo "rebasa", que no comprende y que va a intentar manejar con "los medios que dispone". Entonces el problema es que forzosamente se encuentra influenciado por sus arquetipos personales o por los arquetipos sociales, que rara vez concuerdan con las Leyes Universales.

Si, además, nos han faltado contactos corporales y de ternura en nuestra infancia o si hemos vivido una situación de bloqueo sexual por parte de nuestros padres, podremos fácilmente llegar a la negación o al rechazo de la sexualidad. Esto se convierte entonces en un tema tabú que no queremos abordar.

Esta situación puede engendrar actitudes inhibidas o, a la inversa, la utilización de la sexualidad como una droga; ocasionando los dos comportamientos una profunda inseguridad y relaciones tensas con el otro sexo. Estando en la imposibilidad de aceptarnos a nosotros mismos, buscamos descubrir nuestro valor a través del otro. Pasamos de una pareja a otra, sin poder estabilizarnos nunca. Dejamos al Otro para no ser abandonados y no encontramos jamás la satisfacción a la cual aspiramos. De hecho, volvemos a buscar la seguridad por el reconocimiento y el amor del Otro, sin comprender que no podemos encontrarlo más que en el interior de nosotros mismos.

Asimismo puede suceder que la falta de armonía se manifiesta por un comportamiento sensual relativamente grosero, orientado hacia la satisfacción de nuestras necesidades sexuales, en detrimento de las de nuestra pareja.

Estamos dispersos en nuestros actos y en nuestras decisiones y nuestro sentido moral se caracteriza por cierta falta de voluntad.

LA DISFUNCIÓN DEL CHAKRA SACRO

Una disfunción del Chakra Sacro nos hace totalmente "dispersos", pasando de un tema a otro y de una acción a la otra, sin manifestar ningún seguimiento en las ideas. Vivimos en un estado total de incoherencia.

La deficiencia del Chakra Sacro muchas veces se origina en la infancia, siendo confrontado el niño con unos padres que reprimieron ellos mismos su propia sexualidad o su sensualidad. La sexualidad era un tema tabú. Sobre todo no había que tocar ni hablar de "esas cosas". El cuerpo era la fuente del "pecado" y no se tocaba.

Entonces, en el momento de la pubertad también se crea un bloqueo de las energías sexuales nacientes. Da como resultado una falta de apreciación objetiva de nuestro valor y de nuestra existencia.

Al no saber quiénes somos, entonces vamos a buscar la afirmación de nuestra propia existencia o de nuestro propio sexo a través de una sucesión de parejas, sin darnos cuenta que la única manera de medir nuestro valor es deteniendo una relación con uno mismo. En nosotros mismos es donde realmente encontramos el porqué de nuestra existencia y de nuestra sexualidad. Al no haber comprendido esto, la vida nos parecerá terriblemente triste, sin que valga la pena vivirla. No encontraremos ningún interés, porque no seremos capaces de tener un acto creativo.

VI – GLÁNDULA ENDOCRINA ASOCIADA AL CHAKRA SACRO: LA GLÁNDULA GENITAL (O LAS GÓNADAS)

El Chakra Sacro está asociado, en el plano físico, a las glándulas genitales o gónadas.

La glándula genital probablemente es la más interesante para estudiar. Hasta hace poco su aspecto psicológico fue evidente, por los trabajos del doctor Jean Gautier. Antes, esta glándula se consideraba únicamente como la glándula sexual sirviendo solamente para la reproducción. Pero ahora vamos a ver que le confiere al hombre cualidades excepcionales, especialmente el equilibrio de la personalidad.

En realidad, en el funcionamiento de la glándula genital, la sexualidad no representa más que una función anexa, aún cuando este aspecto puede asumir cierta importancia, por el impacto psicológico que puede tener.

La glándula genital tiene dos funciones:

– una función exocrina, que produce los espermatozoides en el hombre;
– una función endocrina, que produce la testosterona en el hombre y el estrógeno en la mujer, los cuales son segregados por las células intersticiales.

El buen funcionamiento de estas células es fundamental para el desarrollo espiritual del ser humano ya que son responsables de la voluntad, del sentido moral y del espíritu de integración.

Su manera de funcionar es la siguiente:

- Cuando hay un estímulo sexual, la parte reproductora de la gónada, que está constituida por canales seminales, se dilata, produciendo una atrofia de la parte intersticial que produce las hormonas.
- Cuando hay un estado latente, la parte intersticial se hipertrofia, atrofiando la parte reproductora.

Por consiguiente hay una oposición funcional, la parte endocrina no funciona de acuerdo con la parte reproductora.

O, la hormona producida por la parte intersticial es la que va a establecerse en diferentes zonas del cuerpo para mantener en su sitio la voluntad. Entonces es fácil comprender que cuando el funcionamiento endocrino de las gónadas es favorecido en detrimento del funcionamiento sexual (exocrino), se favorece el desarrollo intelectual y espiritual.

El estudio de las enfermedades mentales ha hecho evidente que la causa fundamental de todas estas enfermedades era la atrofia funcional de la glándula intersticial.

Por otra parte, esta glándula se hipertrofia al envejecer. Así, la sabiduría que la Tradición le atribuía a los Ancianos aquí encuentra su explicación en el plano endocrino.

Por lo tanto las enseñanzas tradicionales que difunden la práctica de la oración y de la meditación así como la abstinencia sexual provienen del conocimiento intuitivo de la operación de estas prácticas en lo físico y lo espiritual del hombre, por medio del sistema endocrino.

Realmente, cada vez que efectuamos una acción de centrado, y por lo tanto de fortalecimiento de la energía del Chakra Sacro, favorecemos la acción de la célula intersticial en detrimento de la actividad sexual. Entonces no debe sorprendernos que un avance espiritual haga que esta actividad esté menos presente para nosotros.

En cambio, por el acto sexual encontramos el sentido de lo Sagrado, la sacralización que es la Unión con nuestra "mitad" para encontrar nuestra unidad y el acto sagrado que es dar la vida. El intersticial, en el hombre, corresponde al libre albedrío. Este hace que seamos capaces, por ejemplo, de oponernos a la sexualidad en nombre de los valores morales, de respetar ciertas normas sociales, de elegir libremente nuestras parejas o de someternos a la necesidad de procrear. El libre albedrío, es ser libre. Es poder decidirse uno mismo en una elección. Y justamente la hormona segregada por la intersticial es la que permite esto. De hecho, la intersticial juega un papel fundamental en la voluntad, el altruismo, la atención y el sentido moral. La voluntad constituye un principio importante de regulación que se ejerce en toda la personalidad, tanto fisiológica como psicológica. Pero esta voluntad no es innata. Se establece poco a poco, gracias a una evolución progresiva de la persona dirigiéndose hacia su finalidad moral. Por lo tanto es una maduración lenta que domina bien el substrato fisiológico a través de la acción de la gónada.

De hecho, ¿qué sucede cuando hacemos una acción voluntaria? Emitimos una idea. Esta idea está compuesta por una vibración nerviosa y una hormona que se va a activar en ciertas células cerebrales. La intersticial tiene la facultad de mantener en estas células el mismo valor hormonal, el cual sostendrá la idea en el espíritu todo el tiempo que lo deseemos. Es lo que llamamos la acción voluntaria. Es el mismo mecanismo que actúa cuando aprendemos a realizar un movimiento.

La atención y la voluntad son dos factores muy importantes que activan la secreción intersticial. La actividad excretora de la gónada "se educa". Especialmente por la repetición frecuente de las ideas o de las acciones buenas, generosas y desinteresadas se fortalecerá la acción de la gónada y se afirmarán nuestra fuerza de concentración y de voluntad.

La célula intersticial juega asimismo un papel fundamental en la adquisición del lenguaje, ya que ella regulariza la actividad de la glándula tiroides que activa los órganos de los sentidos, por consiguiente los que se solicitan para la adquisición del lenguaje. Igualmente tiene un papel en cuanto a la regulación en la condición de sinceridad y de mentira. La propensión a la mentira persistente (aquí hablamos de la mentira "patológica") es consecuencia de una actividad intersticial débil.

La célula intersticial también tiene una acción selectiva. Es la que puede intensificar localmente ciertas funciones.

Supongamos que nos concentramos en el acto de tocar para sentir todas las sutilezas táctiles asociadas al contacto con un objeto, la célula intersticial intervendrá para hacer que ciertos nervios motores o sensitivos sean más sensibles o más receptivos. Podrá también minimizar o aumentar nuestras reacciones emocionales, según ciertas tendencias o necesidades intelectuales.

Resumiendo, la célula intersticial nos permite elegir un grupo de nervios motores o sensitivos y actuar en una parte de nuestras células cerebrales para modificar los conceptos y las concepciones filosóficas o morales. Ella permite que el espíritu humano lleve a cabo el camino que sea necesario en toda elaboración intelectual.

El profesor Gautier escribió:

Los genitales intersticiales deben por lo tanto, en todas las actividades intelectuales, revelarse como espíritus superiores, como inteligencias indiscutibles, aceptadas, reconocidas y comprendidas por todos, dándoles la impresión que no han vivido en una época determinada, pero que pertenecieron a todos los pueblos, que han sido de todos los tiempos, que no tuvieron una cultura especial pero que representan al ser humano en todo su esplendor.

VII – ASPECTOS FÍSICOS ASOCIADOS AL FUNCIONAMIENTO DEL CHAKRA SACRO

Los problemas físicos resultantes por un funcionamiento desequilibrado del Chakra Sacro son los siguientes:

- depresión nerviosa
- temores inconscientes
- claustrofobia
- agorafobia
- ideas suicidas
- dispersión
- desorientación
- falta de perspicacia
- falta de sabiduría
- incontinencia
- desequilibrio endocrino y hormonal
- dificultad para fijar la vitamina C y el magnesio
- problemas cutáneos (herpes, psoriasis, zona, etc.)
- trastornos digestivos (estreñimiento, diarrea, colitis)
- problemas renales (cistitis, cálculos renales)
- problemas de la vesícula biliar
- los problemas de insuficiencia de la región abdominal
- reumatismo
- artritis o gota
- asma.

VIII – ÁNGEL ASOCIADO AL CHAKRA SACRO: IMAMIAH
"Dios está por encima de todas las cosas."

La función principal de esta categoría de ángeles llamados "Elohim" es la de sensibilizar al ser humano a la experiencia del amor, del estetismo y de la belleza.

La energía y el poder del Ángel Imamiah favorecen en el hombre el amor-pasión que puede llevar a la felicidad. Esta dimensión del amor le da al hombre la capacidad de concentrar sus fuerzas y sobre todo de ponerlas totalmente al servicio de una acción precisa. El amor se convierte entonces en la inversión de sí mismo, una forma de consagración. Esta energía concede una gran facilidad de adaptación.

Según la Tradición, el Ángel Imamiah lucha contra toda tendencia a dejarse dominar por el simple instinto sexual. Este Ángel ayudará a las personas influenciables que tienen problemas en su vida sexual o que llegan a tener dificultad para mantener su energía vital. Las personas descentradas que lo llamen así podrán encontrar el camino de su alma.

El Ángel Imamiah ejerce también su acción sobre el karma, de una manera más o menos pronunciada, según los papeles que hayamos desempeñado en el pasado. Todos tenemos una "predisposición cósmica" a corregir nuestros errores y el Ángel Imamiah está ahí para presentarnos a las personas que les hemos causado daño, con el fin de que podamos equilibrar nuestro karma.

Este ángel nos ayuda finalmente a "viajar" de un espacio interior al otro, favorece el contacto con nuestra alma poniendo al día las tendencias que hemos encerrado en nuestro inconsciente y que obstaculizan nuestra evolución.

IX – *MUDRA* ASOCIADO AL CHAKRA SACRO

Este *mudra* fortalece el elemento Agua y la circulación de los fluidos en nuestro cuerpo. (No olvidemos que nuestro cuerpo está compuesto aproximadamente de un 80% de agua). Actúa asimismo en la regularización de las energías sexuales.

También activa la energía de los riñones –que son los órganos físicos por los que pasan las energías de las vidas anteriores o kármicas–, la energía del bazo –que convierte el prana en fuerza vital– y la del páncreas.

Por lo tanto este *mudra* permite "lubricar" nuestro cuerpo y nuestros cuerpos sutiles y aumentar la vitalidad de una manera lenta pero duradera.

Se hace uniendo la punta del meñique (dedo chiquito) y el pulgar. Se llama *jal-mudra* en sánscrito.

X – MEDITACIÓN EN EL SONIDO ASOCIADO AL CHAKRA SACRO

Siéntense cómodamente...

La espalda recta, los hombros sueltos, relajados pero no encorvados...

Los pies bien planos en el suelo...

Las palmas de las manos colocadas sobre las rodillas, viendo hacia el cielo...

Cierren sus ojos y respiren profundamente dos o tres veces...

...

Dirijan su atención a su respiración...

Obsérvenla...

Simplemente percíbanla...

Perciban simplemente el movimiento del aire en sus pulmones...

...

Ahora, lleven suavemente su atención a las hendiduras de las palmas de sus manos...

Simplemente percíbanlas...

Obsérvenlas...

Quizás sientan un hormigueo, una picazón...
Simplemente siéntanlos...

...

Ahora dirijan suavemente su atención a las hendiduras de las plantas de sus pies...
Simplemente percíbanlas...
Quizás sientan movimientos de la energía...
Percíbanlos...
Acéptenlos...

...

Ahora dirijan su atención a la altura de su Chakra Base...
Está ubicado a la altura del perineo, entre el ano y los órganos genitales...
Simplemente obsérvenlo...
Percíbanlo...
Quizás sientan un calentamiento, cierto calor que se expande en la base de su columna vertebral...
Percíbanlo...
Obsérvenlo...

...

Un color rojo aparece suavemente en el sitio de su Chakra Base...
Siéntanlo...
Es un rojo brillante...
Bermellón...

...

Déjense llevar por este color rojo...
Los reanima...
Los irradia...
Acéptenlo...

...

Ahora dirijan suavemente su atención a la altura de su Chakra Sacro...

Está ubicado aproximadamente cuatro dedos abajo del ombligo...

Percíbanlo...

Obsérvenlo...

...

Quizás sienten un movimiento de la energía...

Percíbanlo...

...

Ahora van a hacer subir el color rojo a la altura de su Chakra Sacro, donde se va a transformar en un hermoso color naranja...

El naranja del Sol Naciente...

Sienten su calor...

Los envuelve...

Los arrulla...

Están como en un capullo...

...

Sienten que este color naranja penetra por todos los poros de su piel...

Los irradia...

Les da júbilo, alegría y juventud...

...

Ahora vibran al ritmo de este color naranja...

Es su fuente de inspiración...

Déjense llevar por su inspiración...

Déjense llevar por su imaginación...

...

Ahora pueden darle las gracias a su Fuente interior...

Desde ahora, los acompañará siempre...

Podrán, en los momentos de incertidumbre y de duda, reunirse con este color naranja y unirse a su Fuente Interior...

...

Ahora llevan su atención detrás de su frente...

Al puente de su nariz, entre los dos ojos...

Es un punto que se ubica ligeramente detrás de la frente...

...

Ahora visualicen una Luna creciente...

La Luna, símbolo del elemento Agua...

...

Al visualizar esta Luna creciente, se ponen en conexión con los arquetipos relacionados con el elemento Agua...

...

Visualizando todavía esta Luna creciente, van a pronunciar interiormente la palabra VAM, en la nota musical *re*...

...

Pronúnciela siete veces, a todo lo largo de su exhalación, todo el tiempo de su exhalación, sin forzar la exhalación...

Ahora hacen siete exhalaciones pronunciando varias veces la palabra VAM...

...

Se dejan llevar unos instantes por la energía de este Mantra y regresan suavemente a la conciencia del Aquí y el Ahora...

...

Abran suavemente los ojos...

Estírense...

Están AQUÍ...

Aquí y Ahora...

XI – MEDITACIÓN EN EL COLOR ASOCIADO AL CHAKRA SACRO

Siéntense cómodamente...

La espalda recta, los hombros sueltos y relajados pero no encorvados...

Los pies bien planos en el suelo...

Las palmas de las manos colocadas sobre las rodillas, dirigidas hacia el cielo...

Ahora dirijan su atención a su aliento...

...

Percíbanlo simplemente...

Obsérvenlo...

...

Simplemente sientan la naturaleza del aire que entra a sus pulmones...

...

Ahora dirijan su atención a las hendiduras de las palmas de sus manos...

Percíbanlas...

Obsérvenlas...

Observen simplemente los movimientos de la energía en las hendiduras de las palmas de sus manos...

...

Ahora dirijan su atención a las hendiduras de las plantas de sus pies...

Obsérvenlas...

Percíbanlas...

...

Quizás sientan una picazón, ligeros movimientos de energía ...

Simplemente percíbanlos...

Acéptenlos...

...

Ahora dirijan su atención suavemente a la altura de su Chakra Sacro...

Está situado aproximadamente cuatro dedos debajo del ombligo...

Simplemente percíbanlo...

Obsérvenlo...

...

Sienten que un punto naranja aparece en el centro de su Chakra Sacro...

Un naranja muy hermoso...

El naranja del Sol Naciente...

...

Percíbanlo...

Obsérvenlo...

...

Sienten el calor de este color naranja...

Los inunda...

Los envuelve...

Se dejan llevar por él...

...

Ahora penetra por todos los poros de su piel...

Penetra en todos sus órganos...

...

Siéntanlo...

...

Diríjanlo ahora, particularmente a los sitios donde sientan que penetra con más dificultad...

...

Dejen que bañe los órganos que lo reclaman...

...

Les da bienestar...

Revitaliza los órganos que envuelve...

Sienten ahora este color naranja extenderse a su aura...

Les da bienestar...

Les da alegría...

Gozo...

...

Vibran al ritmo de este color naranja...

Es la fuente de su imaginación...

Es la fuente de su inspiración...

Es su Fuente Interior...

...

Escuchen su Fuente Interior...

Les da mensajes...

Es su pequeña voz interior...

Escúchenla...

...

Ahora envíen este color naranja a todo el derredor de la Tierra...

Que sea la Fuente Interior de la Tierra y de la Humanidad...

...

Agradézcanle a su Fuente Interior los hermosos regalos que les acaba de dar...

...

Ahora regresen muy suavemente al Aquí y al Ahora...

Abran los ojos...

Estírense...

Están AQUÍ...

Aquí y Ahora.

Capítulo X

El Chakra Solar
COMPRENDER Y MANEJAR SUS EMOCIONES
PARA UNA MEJOR COMUNICACIÓN
CON LAS ENERGÍAS DE LA LUZ

I – DEFINICIÓN Y FUNCIONES

Chakra *Manipura*

Palabra de poder: *"La sabiduría cimentó su casa"*. (Jer. 9:1)

Manipura significa "La Ciudad de las Gemas".

El Chakra Solar es el asiento del Fuego. Por el elemento Fuego, el Chakra Solar va a ser uno de los primeros vectores de transmutación de las energías durante el trayecto iniciático. Por el Fuego, el Chakra Solar está unido al Sol. Es nuestro Sol Interior.

El Chakra Solar podría también llamarse el "Chakra Social". En efecto, él rige nuestra relación con el mundo circundante y nos permite comprenderlo. Por este Chakra, entramos en contacto con todo lo que pasa en el exterior: la naturaleza, el cosmos, Dios y los demás hombres.

Es el Chakra que nos permite sentir gran parte de las vibraciones que nos llegan de todos los componentes del universo.

EL CHAKRA SOLAR Y EL PLANO ASTRAL

El Chakra Solar es el Chakra que asegura la comprensión, la gestión y el dominio de las emociones. Estas tres funciones son las herramientas principales del paso de la Primera Iniciación, la Iniciación por el Fuego. Este es el paso de las energías de los tres primeros Chakras, especialmente el paso de la energía del Chakra Solar hacia el Chakra Cardiaco. Porque si no tenemos el deseo de transformarnos, deseo que es una emoción, no encontramos la energía necesaria para transferir las energías del Chakra Solar hacia el Chakra Cardiaco.

El Chakra Solar es la puerta de entrada de la conciencia en el plano astral. Por éste podemos entrar en relación consciente con este plano.

El plano astral muchas veces se llama cómodamente el "aura". Es una zona de frontera, una zona de interrelación entre el mundo material y el mundo espiritual. Los clarividentes visualizan una cierta cantidad de energías, bajo la forma de colores en movimiento.

También en esta zona actúan más particularmente los métodos de armonización por el color.

EL CHAKRA SOLAR, LA PRIMERA
PUERTA INICIÁTICA

El plano astral funciona, de alguna manera, como una zona amortiguadora entre el espíritu y la materia. Por consecuencia, los dos tipos de energía, espíritu y materia, están presentes permanentemente en el plano astral, a la altura del Chakra Solar. La energía "materia" está particularmente unida a lo que muchas veces llamamos el "bajo astral", mientras que la energía "espíritu" está unida a lo que llamamos el "astral superior".

Cuando en un camino iniciático, nos encontramos frente a la energía del Chakra Solar, estamos ante el primer problema de elección. Este problema, lo volveremos a encontrar en otros momentos. Pero deberá compararse con la elección ante la cual se encuentra la humanidad, donde se encuentra la energía dominante, en la hora actual, a la altura del Chakra Solar.

No hay más que observar los noticieros televisados que no tienen en cuenta más que guerras, crisis y violencia para comprender que estamos gobernados por una energética dominante con tendencia emocional. O, lo que actualmente se le pide a la humanidad es que pase las energías al nivel del Chakra Cardiaco con el fin de asegurar su supervivencia.

El Aspirante que se encuentra al nivel del Chakra Solar en su camino iniciático está ante la misma elección.

EL CHAKRA SOLAR Y EL BAJO ASTRAL

La primera posibilidad que se le da al Aspirante es mantenerse ubicado en las energías del ego y de poder que, en el plano vibratorio, son energías bajas del Chakra Solar. En este momento, el Aspirante toma la decisión de permanecer en el plano material de las cosas.

Aquí quisiera aclarar ciertas ideas, muchas veces mal comprendidas, que dan lugar a interpretaciones erróneas.

Todas las enseñanzas esotéricas y tradicionales llaman al plano astral el plano de la ilusión. El plano astral se divide en dos partes principales: el bajo astral y el astral superior. El bajo astral corresponde a las vibraciones más bajas del plano astral y el astral superior, a las más elevadas.

El bajo astral, que es el plano más cercano al plano físico, contiene energías que están muy cerca del plano de la "materia". En este nivel es donde permanecen los seres desencarnados que efectúan un trabajo con ellos mismos para poder elevarse. Aquí es donde se encuentran también ciertos devas primarios llamados "elementales", que manejan ciertas energías de la naturaleza. También aquí es donde terminan de desintegrarse ciertas "cubiertas astrales", que ya no están habitadas por una energía pero que sin embargo pueden darle ilusión al ser.

De hecho, este plano está muy habitado y se necesitaría un capítulo completo para llamar a todos los "habitantes". Es igualmente útil saber que de este plano salen todas nuestras pesadillas, o circulan algunas veces criaturas no muy simpáticas y no muy bien intencionadas.

EL CHAKRA SOLAR Y LA MEDIUMNIDAD

Por lo tanto el bajo astral es el primer plano al que tenemos acceso por medio del Chakra Solar.

La mediumnidad es una acción de comunicación que se establece con los planos sutiles, por medio del Chakra Solar. La mediumnidad muchas veces es un acto instintivo; es la prolongación de las facultades que perdimos más o menos a la edad de siete años, en el momento que alcanzamos la "edad de la razón".

El escollo principal sobre el cual se apoya este tipo de facultad es la ilusión. Realmente jamás podemos saber en qué nivel vibratorio nos situamos. Podemos estar "conectados" a un nivel vibratorio elevado y luego, por razones que no forzosamente percibimos, llegar a estar perturbados en el plano emocional. En ese momento, nos conectamos a las energías más bajas, que muy bien pueden darnos la ilusión de ser energías elevadas y que van a transmitirnos información falsa o manipulada.

Mientras nos quedemos ubicados en el Chakra Solar para recibir la información que viene de planos sutiles, estaremos confrontados a este tipo de problemas. La solución consiste en emprender un trabajo de transformación vibratoria que nos llevará a comunicarnos con las energías de Luz, por medio del Chakra de la Garganta. Esta técnica lleva el nombre de "*channeling*" o "*canalización*". Estudiaremos este mecanismo en el capítulo del Chakra de la Garganta.

Otro peligro se incorpora en la utilización del Chakra Solar. Siendo este Chakra el del ego, por lo tanto de la personalidad, es por el que pasan todas las vibraciones de potencia y de poder así como su corolario: la manipulación.

No quiero decir que todos los médiums son manipuladores. Existen seres maravillosos que le han dado a la humanidad muchas enseñanzas en los planos sutiles. Pero ahí existe un peligro potencial y no le recomiendo a nadie que lo enfrente. Desgraciadamente, es la trampa donde caen ciertos Discípulos, después del paso de la Iniciación por el Fuego.

La segunda posibilidad que se le da al Aspirante es que decida elevar su frecuencia vibratoria para empezar a entrar en comunicación con las energías de la Luz del astral superior y hacer que transiten las energías del Chakra Solar hacia el Chakra Cardiaco. Aquí hay una elección consciente, una elección que encontramos precisamente después de la Primera Iniciación por el Fuego, cuando se le pide al aspirante que entre en la "disciplina" de elegir el Camino del Servicio, es decir el Camino del Corazón, desarrollando el amor incondicional al nivel del Chakra Cardiaco.

La idea de la elección resurge entonces con una agudeza mayor: el servicio a la humanidad o el servicio a sí mismo, un problema del ego que se renueva sin cesar y que en realidad jamás se resuelve.

El plano astral, por la disposición del deseo de servir, del deseo de ponerse al servicio del número mayor nos permite actuar y pasar a la acción.

EL CHAKRA SOLAR, LA PUERTA DEL PLANO DE COMUNICACIÓN

El plano astral también es el plano de la comunicación y de la relación de las cosas entre sí. La primera conclusión que podemos sacar de este enunciado es que nos es imposible hacer la unión entre el plano de la Materia y el del Espíritu sin pasar por la emoción y el sentimiento, es decir por el plano astral. La emoción y el deseo son los "motores" que aseguran la unión entre los dos planos. Para que se efectúe esta unión, hay que comprender y dominar el plano astral, es decir el plano de las emociones, de los sentimientos y de los deseos.

Entonces se hace más fácil captar la insensatez de ciertas enseñanzas que proponen "matar las emociones". "Matar las emociones", simplemente es matar al hombre.

Para explicar el funcionamiento de las energías del plano astral, vamos a ver lo que sucede cuando hay una mala comprensión o una activación desordenada de nuestras emociones.

Tomemos el siguiente ejemplo:

Estamos afligidos por la pérdida de un ser querido; este sentimiento nos habita de una manera intensa y pone en resonancia nuestro propio temor a la muerte. Las emociones experimentadas antes que nada van a crear cierta cantidad de turbulencias en nuestro cuerpo astral. La persona dotada con una visión clarividente podrá ver un montón de espirales de colores, muy desordenadas, actuando un poco en forma de turbulencia, de una "ebullición" con predominio de gris.

EL CHAKRA SOLAR Y LA CREACIÓN
DE LAS FORMAS DE PENSAMIENTO

En primer lugar, esta energía de aflicción y de tristeza va a morar alrededor de nosotros bajo la forma que llamamos "formas de pensamiento". La forma de pensamiento es un conglomerado de "materia astral" producida por la emisión de un pensamiento o una emoción.

¿Cómo se forma esta "materia"?

Cuando sentimos una emoción, ésta se materializa en un plano diferente al plano físico, pero igualmente "material" que éste: el plano astral. Hay que comprender bien que el plano astral es un mundo análogo al mundo físico. Ir al astral, es simplemente cambiar el plano de visión y de frecuencia vibratoria.

Por lo tanto el astral es el plano de las emociones experimentadas por cada uno de nosotros. La "materia astral" es la que nos forma y nos permite expresar nuestras emociones, una materia que tiene la misma realidad que el plano físico.

Por consiguiente, cuando sentimos una emoción, producimos "materia astral", que la Tradición llama "forma de pensamiento"; en el primer momento, ésta permanece cerca de nuestro cuerpo físico, para después alejarse de nosotros, en cierto modo como una neblina que se desplaza para reunirse con la "materia astral" que circula alrededor de la Tierra. Esta "materia astral" es el cuerpo astral de la Tierra; está compuesta con todas las emociones generadas por el conjunto de seres de la Tierra.

Por la acción de la Ley Cósmica de Atracción, las formas de pensamiento de la misma naturaleza van a agruparse para crear una forma de pensamiento enorme, ya sea hecha de tristeza, temor u odio, o de amor, compasión, gozo, felicidad o armonía.

Si nos encontramos en un estado de tristeza, siempre atraemos, por la Ley de Atracción, cierta cantidad de formas de pensamiento de la misma naturaleza que se desplazan alrededor del planeta. Estas formas de pensamiento que están imantadas por nuestra propia energía, van a venir a pegarse a nosotros y su energía va a alimentar nuestro propio temor a la muerte y nuestra propia tristeza.

Entonces se producirá, en la segunda fase, una intensificación de este sentimiento a partir de los aportes exteriores y algunas veces hasta el mismo despertar de viejas energías presentes en nosotros o en ciertos sitios, que se reactivarán por nuestra propia energía.

Les recuerdo al respecto, el triste ejemplo de la inundación del 22 de septiembre de 1992 que destrozó la comarca de Vaucluse, en Francia, causando muchas muertes. Por vivir en esta región, sentimos, después de la catástrofe, no sólo la angustia y la desesperación de todo un pueblo (sentimientos que seguían presentes un año después), sino también unas energías muy antiguas de temor y de angustia que se despertaron al nivel de la tierra. Estas energías se manifestaron especialmente alrededor de ciertos monumentos romanos de la región (antiguo teatro, arenas, etc.). Se reforzaron después de haberse puesto en resonancia con las energías similares de la época romana. Después de este suceso, tardaron varios meses en disolverse.

Durante esta fase de perturbación, se crearon turbulencias importantes en nuestro cuerpo astral, entre otras una densificación de nuestras energías en este plano. En efecto, entre más sentimos sentimientos densos unidos a la tristeza, al temor o a la cólera, más va a densificarse, a opacarse y a retractarse nuestro cuerpo astral. En cambio, entre más estén unidos nuestros sentimientos al amor, a la alegría y a la felicidad, más va a aclararse, a aligerarse y a expandirse nuestro cuerpo astral.

Por consecuencia, si estamos habitados por un sentimiento de tristeza, nuestro cuerpo astral se va a opacar. Las energías de Luz que nos alimentan entonces tendrán muchos problemas para abrirse paso hasta nuestro cuerpo físico, sobre todo hasta el cerebro, para traernos tranquilidad y amor.

EL CHAKRA SOLAR Y LA LUZ

Nuestros estados del alma dependen en gran parte de la cantidad de Luz que penetra en nosotros. Según nuestros diferentes estados de conciencia, penetra en nosotros una cantidad variable de Luz y nuestra capacidad para restituir la Luz será más o menos grande. Si irradiamos una gran cantidad de Luz, seremos "radiantes" y estaremos en condiciones de "limpiar" nuestro entorno de vibraciones parásitas o negativas que lo ocupan.

Un segundo fenómeno puede igualmente producirse en paralelo. Podemos estar tentados –quizás bajo la presión de nuestro entorno familiar, social o cultural– a encerrar esta tristeza en nuestro interior, a ya no dejarlo aparecer, a dejar de exteriorizarlo.

Este bloqueo de emociones tiene una repercusión doble en nuestro cuerpo astral. En primer lugar, la no-circulación de las emociones va a poner en su lugar un mecanismo de autobloqueo de las energías emocionales en nosotros, al nivel del plexo solar.

Todos hemos sentido, en algún momento de nuestra existencia, este "nudo" que se aloja a la altura del plexo solar cuando impedimos que circule una emoción.

Esta actitud conduce a varios fenómenos en el plano físico: crisis del hígado (o de fe), úlceras estomacales, zona, etc. Incluso pueden producirse verdaderas cristalizaciones: cálculos renales o biliares, diabetes o, para las formas más agudas, ciertos tipos de cáncer o de enfermedades cardiacas.

Al mismo tiempo que aparecen estos problemas, se producen obscurecimientos del cuerpo astral localizados en las partes afectadas de este cuerpo por este estado. Entre más emociones tengamos bloqueadas, más se acentúan y se desarrollan estos obscurecimientos, de modo que la Luz cada vez tiene más problemas para abrirse paso hasta nosotros.

Pienso que comprenden, el círculo sin fin que en ese caso se engancha, un poco como la imagen de la serpiente que se muerde la cola. Hay que saber que cuando reencarnamos, llevamos en nuestro "equipaje" todas estas cristalizaciones, generando igual que en el pasado, las mismas disfunciones físicas y emocionales. Desde ese momento comprenden la importancia de manejar sus emociones y permitirles tener un recorrido libre de trabas, para no tener que hacer el trabajo de desbloqueo más adelante.

Ahora quisiera abordar un aspecto de funcionamiento de la energía-luz particularmente interesante.

Por la Ley Cósmica de Atracción, traemos hacia nosotros todo lo que deseamos. Igual que un imán, nuestra propia Energía-Luz atrae el fruto de nuestros deseos. Este aspecto del funcionamiento del Chakra Solar nos hace palpar uno de los mecanismos principales de la Magia Blanca.

Si somos luz, vivimos de tal manera en armonía con el Plan Divino que nuestros más mínimos deseos y anhelos encuentran su realización. Atención, hay que comprender bien que estamos en armonía con las Leyes Cósmicas. Por lo tanto no vamos a pedirle al Plan Divino, por ejemplo, que nos dé un chalet con alberca, un Rolls-Royce con chofer, un regalo que satisfaría nuestro ego. Pero podemos pedir una casa cómoda que facilitará nuestra evolución por nuestra felicidad y el de la humanidad.

He aquí un ejemplo personal que podrá ilustrar este mecanismo.

Hace todavía unos cuantos años, yo era el jefe de una empresa. Mi entrada real al Camino Espiritual se hizo después de la quiebra de mi empresa. Entonces mi vida estaba dirigida esencialmente hacia la constitución de un capital material y yo sacrificaba alegremente por esta ambición, esposa, familia, amistades, salud, etcétera.

Un día, después de una serie de circunstancias repentinas e imprevisibles, me encontraba en una situación de suspensión de pagos y la quiebra siguió varias semanas más adelante.

Para mí fue un gran choque y el punto de partida del cierre en cuestión. Debía comprender quién era yo, asimilar las lecciones que me daba la vida y sacar las enseñanzas apropiadas.

Entonces, en plena depresión, empecé un trabajo sobre mí mismo y le dediqué toda la energía que había desplegado antes para triunfar en el plano material. Si me hubieran dicho en esa época que actualmente estaría escribiendo este libro, hubiera tratado a la persona de "loca de atar".

Siempre avanzando en el conocimiento de mí mismo, llegué a comprender que estos terribles sucesos de mi vida los había generado yo mismo, para que me diera cuenta de algunos problemas.

Le daba gracias a Dios y a mis guías, estos Seres de Luz que me acompañaban. Entonces comprendí que debía agradecerme por haberme dado la posibilidad de vivir estos sucesos y de sacar la Quintaesencia.

Una vez realizada esta concientización y habiendo decodificado algunos arquetipos emocionales que me separaban de la Fuente, me encontraba situado en una energía de amor. Amor y aceptación de mí mismo. Amor del Plan Divino. Amor y comprensión por las personas que me habían acompañado en este camino y que había hecho sufrir. Amor por los Seres de Luz que están a mi lado y por último, amor de Dios.

A partir de este momento se realizó una verdadera transmutación de mi vida. Empecé a trabajar otra vez y a satisfacer mis necesidades, de modo que en algunas semanas, había alcanzado una modesta autonomía económica. Unos meses más tarde, empecé a hablar, como por casualidad (¡) de los colores que habían sido y que siempre son para mí, mi principal apoyo de comprensión. Al mismo tiempo, comprobaba que entre más me situaba en la energía del corazón, más comodidad material me daba mi trabajo. De hecho, lo que pasaba era que no me ubicaba en el "querer", sino realmente en una situación de "soltar la presa".

Además, el trabajo de transmisión de los colores se desarrollaba rápidamente, dándome igualmente los medios materiales para desarrollar este aspecto de mi misión.

Quise contarles mi historia, para mostrarles que incluso a través de las experiencias más terribles, si realizamos un trabajo de descristalización de las emociones y tomamos el Camino del Corazón, nos encontraremos en armonía con las Leyes Universales y obtendremos lo que todos tenemos derecho: la felicidad, el bienestar y la armonía.

Sin embargo, hay un último aspecto que quisiera compartir con ustedes.

Algunas veces siento que las cosas se tensan a mi alrededor, tanto en el plano profesional como en el amistoso, en cierto modo como si el camino que recorriera se endureciera. Esta percepción, siempre es para mí, la señal que no estoy tan dispuesto, ni en armonía con las Leyes Universales.

Entonces tengo que buscar lo que, en mi vida y en mis emociones, ya no está en equilibrio. Hasta que haya concientizado los factores que provocan esta desarmonía se podrá restablecer el equilibrio y podré seguir mi camino sin mayor problema. Algunas veces, esta concientización no toma más que algunas horas, algunas veces unas semanas, cuando soy verdaderamente terco.

Es evidente que si no estuviera atento a estas señales –como este fue el caso en gran parte de mi vida– y si no reaccionara de inmediato, las cosas y los sucesos se tensarían más y más, hasta que una crisis, una ruptura o un suceso mayor me hiciera tomar conciencia del problema.

Podemos ahorrarnos esto, así como sufrimientos, estando atentos a las señales que nos da el Universo.

EL CHAKRA SOLAR Y EL PADRE

El Chakra Solar está unido al padre. El padre terrestre y el Padre Divino.

Cuando el alma decide encarnarse, elige la raza, el país y el medio social donde va a evolucionar, pero sobre todo a los dos seres que serán sus padres y que serán la imagen, el espejo de todas las cualidades masculinas y femeninas sobre las cuales tendrá que trabajar durante esta encarnación. La elección de los padres siempre está relacionada con una de las mayores nivelaciones kármicas que tenemos que hacer.

Pero el trabajo no es fácil y las tensiones no tardan en manifestarse, muchas veces incluso antes de nuestro nacimiento y siempre en el momento de la infancia. Los padres conocen bien este delicado periodo de reajuste de las energías de la pareja y de la familia que le sigue al nacimiento de un niño.

Para el niño, los padres son la representación terrestre de los arquetipos divinos del Dios-Padre y del Dios-Madre. Estos son "nuestros". dioses. Incluso si nuestra encarnación es reciente, ya conocemos muy bien, de una manera instintiva, la vibración de estos arquetipos.

¡Por desgracia!, nuestro padre y nuestra madre no son más que seres humanos y sentimos, sin poder expresarlo, que existe una distorsión entres estos arquetipos y las energías de nuestros padres. Pero no podemos imaginar que nuestros padres puedan ser otra cosa más que dioses y por consecuencia, que no puedan ser perfectos, ya que todavía no hemos adquirido la conciencia de individuación.

Por lo tanto, concluimos en nuestros espíritus de niño-todo-amor, que somos responsables de las tensiones que sentimos instintivamente. Entonces nos juzgamos y nos atribuimos la responsabilidad de estas tensiones, creando de ese modo un mecanismo de no-expresión de nosotros mismos y de nuestras emociones. Este mecanismo va a seguir funcionando en la edad adulta y se convertirá en una tendencia al bloqueo emocional.

Además, en vista que el padre físico constituye la primera representación terrestre del arquetipo del Padre divino, si la relación con el padre genitor no es armónica, ahí estará la fuente de bloqueo en la relación con el Padre Divino. Esto hasta nos puede llevar a dudar del Padre Divino y a propagar convencidos un ateísmo.

A la inversa, esta relación con nuestro padre terrestre puede estar completamente subordinada a nuestra relación con el Padre Divino, por consiguiente, a nuestra forma de relacionarnos con respecto a lo espiritual, naturalmente. Este puede ser el caso de las personas que hayan recordado muchas encarnaciones en el camino espiritual como sacerdotes, monjes o monjas y hayan bloqueado este camino después de un gran choque emocional o de un profundo desacuerdo entre su camino y ciertos sucesos de su vida.

Sabemos, por ejemplo, qué tanto ha estado marcada la historia del Cristianismo por la intolerancia, las muertes y las destrucciones hechas en nombre de Dios. Cuantos clérigos se encontraron entonces completamente divididos entre su fe y su pertenencia a una jerarquía que en vez de transmitir la energía de amor para lo cual había sido creada era una estructura de poder. Algunas veces le achacamos a nuestro padre terrestre esta crisis espiritual, sin comprender que las tensiones y los reproches que podemos hacerle, tienen muy poca relación con él.

Por otra parte, no hay que olvidar que nuestro padre físico es el espejo perfecto de nuestra polaridad masculina. Por consecuencia, todos los elementos de la personalidad de nuestro padre que nos negamos a aceptar, que nos irritan o en comparación a los cuales nos oponemos, son los mismos elementos que no hemos integrado y sobre los cuales hemos elegido trabajar al encarnar a través de él.

Así pues, podemos dedicarnos a la tarea y revisar la historia de nuestra relación con nuestro padre bajo la luz de este funcionamiento. Este tema de reflexión vasto y profundo puede permitirnos concientizar los bloqueos que quizás siempre hemos sabido, con respecto a uno u otro de nuestros padres.

Para lograr un funcionamiento armónico del Chakra Solar, vamos a tener por lo tanto que reconciliarnos con nuestros dos Padres y eliminar todo sentimiento de culpabilidad o de tensión en relación con ellos.

Esta idea de inculpación nos permite abordar uno de los últimos aspectos del Chakra Solar, que es el Juicio.

EL CHAKRA SOLAR Y EL JUICIO

La Maestra Lady Portia, Diosa de la Justicia y de la Misericordia, nos dice: "No juzgues y no se te juzgará."

De hecho, no hay juez más despiadado que nosotros mismos: "No debiste haber hecho esto", "No estuviste a la altura", "No amas lo suficiente", "No amas incondicionalmente", "No eres hermoso", etcétera.

No nos hacemos regalos; muchas veces somos más duros hacia nosotros mismos que la justicia más despiadada. Al juzgarnos, nos cerramos "puertas", "posibilidades" que no hemos contemplado, "experiencias" que no conocemos, "mensajes" provenientes de otros planos. De hecho, nos limitamos a nosotros mismos.

Por otra parte, la energía del juicio es una energía pesada del Chakra Solar. Por más que hagamos por emprender todo un sendero de elevación espiritual, practicar una templanza de varios años en el plano espiritual, predicar el amor incondicional a voz en cuello, cada vez que nos juzguemos, bajaremos nuestra frecuencia vibratoria al nivel de las energías bajas del Chakra Solar, lo que bloqueará nuestra evolución.

Por consiguiente es especialmente importante que eliminemos esta facultad de juicio de nuestro modo de funcionar. Pero no por eso debemos perder nuestra facultad de análisis.

Hay una diferencia fundamental entre el juicio y el discernimiento, y esta diferencia se llama "amor". Cuando somos capaces de ver a Otro y vernos a nosotros mismos con amor, hacemos un acto de amor. Entonces podemos separar las cosas entre lo que nos corresponde y lo que no nos corresponde.

No debemos juzgarnos, porque al hacerlo, juzgamos a los demás. Más bien debemos aprender a vernos con amor (es el principio del aprendizaje de la energía del Chakra Cardiaco), tal como somos; no como jueces, sino como un portero que viene a inspeccionar los lugares en una casa: examinamos los lugares, comprobamos que hay que volver a pintar la cocina, que la llave del baño tiene fuga, que el papel tapiz está roto en la futura recámara de los niños, pero aceptamos la casa tal como está; tomando la decisión de emprender los trabajos necesarios para mejorarla.

Haremos el mismo recorrido en lo que respecta a nuestra personalidad. Vamos a considerar nuestro aspecto físico, nuestras cualidades, nuestros defectos, nuestros potenciales, nuestras debilidades o nuestras carencias y vamos a decidir un "programa de renovación" que nos va a armonizar con nuestra alma. Sin juicio, sin culpabilidad, sin entrar en nuestros temores, sino con confianza, amor y compasión y dándonos las gracias por todo el camino que ya recorrimos y que nos ha permitido tener la conciencia que tenemos ahora para seguir nuestro camino de evolución.

El juicio "verdadero" es el equilibrio; es la ley del karma, pero no debe sentirse negativamente, como lo hacen muchos Occidentales. Hemos vuelto a hacer una transcripción de la idea del "pecado original" y de la idea del "Juicio Final". Según este concepto, el karma tendría una naturaleza negativa e inexorable. Pero el karma no es eso. La Ley del karma, es en cierto modo como los platillos de una balanza. Cuando hay demasiado peso en uno de los platillos, hay que agregarle peso al otro lado para restablecer el equilibrio. **Se trata de nivelar las energías y no de comprobar la importancia del desequilibrio.**

De hecho, muchas veces al no querer perdonarnos por una acción cometida y al no querer perdonar a otros es como vamos a crear una "memoria" en el plano celular y en el plano del cuerpo astral. Esta memoria continuamente nos va a volver a poner en situaciones idénticas o a tener una relación directa con el suceso que no hemos "digerido". Podemos revivir indefinidamente la misma situación y durante muchas vidas, sin que comprendamos jamás su origen. Este es un aspecto del karma que frecuentemente se percibe mal.

Muchas veces imaginamos a los Señores del Karma formando un Consejo un poco aterrador, implacable, que nos pone de una manera inexorable ante nuestras "fechorías". Tenemos la tendencia a olvidar que constantemente creamos nuestro futuro por nuestros más mínimos pensamientos. Hay que darnos cuenta que, en el plano inconsciente o en el plano astral, existen sentimientos de odio, de rencor o de incomprensión que perduran y obstaculizan nuestra evolución. Entonces vamos a generar situaciones, incluso vidas que estén relacionadas con estos sucesos.

La acción de los Señores del Karma no es realmente la causa, en el sentido que lo entendemos generalmente. Son nuestros propios bloqueos emocionales los que crean un arquetipo de funcionamiento que provoca las mismas reacciones ante los mismos sucesos. Y los reviviremos, todo el tiempo que no hayamos comprendido el mecanismo de la causa y los orígenes del bloqueo.

EL CHAKRA SOLAR Y LA MATERIA ASTRAL

El astral es el plano de las emociones. Para quitarnos la culpa con respecto a este funcionamiento del Chakra Solar, hay que comprender que lo que sentimos en nuestro interior está condicionado por la naturaleza y la calidad de la "materia astral" que nos compone. Del tipo y de la calidad de esta materia depende la naturaleza de las emociones que vivimos, de los sentimientos que expresamos y de los deseos que experimentamos.

Por lo tanto, básicamente no hay nada bueno o malo en nosotros. Solamente hay cierta categoría de materia astral que nos permite vivir lo que vivimos. Aquí no es cuestión de ética, de bien o de mal, de juicio. Los sentimientos que expresamos no pueden coincidir más que con el tipo de materia astral que nos compone. Por ello el trabajo que hay que realizar es un entrenamiento en este mismo cuerpo, a modo de transmutarlo y elevar su frecuencia vibratoria con el fin de modificar la naturaleza de las emociones que nos acompañan.

Las emociones no son el resultado de una generación espontánea. Son provocadas e iniciadas por cualquier cosa y se desarrollan en un medio favorable, que es nuestro propio terreno. Entonces necesitamos comprender el origen de estas emociones para comprender que son fuerzas existentes en el plano astral las cuales son la causa. Son las responsables de su progreso, de su desarrollo y de su expresión.

No nos llegaría la idea de inscribirnos al maratón de Nueva York si no hubiéramos seguido un entrenamiento intensivo y prolongado. Y no se nos ocurriría empezar este entrenamiento si tuviéramos un problema en las rodillas.

El cuerpo emocional es como el cuerpo físico. No podemos esperar convertirnos en un campeón olímpico en halterofilia (pesas) si no hemos seguido el entrenamiento adecuado. De una manera más específica, si participamos en una competencia de halterofilia sin tener la morfología requerida, podemos esperar amargas decepciones y serios problemas físicos.

El cuerpo emocional funciona del mismo modo. La naturaleza de las emociones experimentadas y la forma como las percibimos o las expresamos dependen del nivel evolutivo en el que nos encontremos. Por lo tanto hay que realizar un trabajo de aprendizaje y de entrenamiento de nuestro cuerpo emocional. No le pediremos a nuestro cuerpo astral que viva emociones que sea incapaz de asumir, ni tampoco intentaremos cargar un peso de 150 kilos o de correr 40 kilómetros sin tener el entrenamiento.

Sin embargo, instintivamente sabemos cuales son nuestras posibilidades. No le podemos pedir a nuestro cuerpo emocional que viva frecuencias vibratorias que no sean las nuestras, a menos que se le haya llevado paulatinamente por una moderación y un entrenamiento, a un nivel que le permita recibir y comprender estas energías.

Hay que mencionar que el 90% de las enfermedades físicas están asociadas con emociones no aceptadas o mal digeridas, que se han cristalizado al nivel del cuerpo astral. Cuando conservamos rencores y resentimientos, esta energía emocional produce toxinas. Éstas toman posesión de nuestra sangre, pudiendo causar un envenenamiento o enfermedades como mononucleosis y sida.

Por ello debemos aprender a conocernos a nosotros mismos, a estar atentos de este plano emocional, a reconocer y a admitir las cualidades y los límites de nuestro ser. Después nos someteremos a un programa de entrenamiento con vistas a mejorar la situación, teniendo en cuenta los parámetros que nos componen.

En este momento realmente podremos dedicarnos al conocimiento y a la aceptación de Otro, los cuales ustedes ya han comprendido, pasan por el conocimiento y la aceptación de uno mismo.

Desgraciadamente, los aspirantes espiritualistas muchas veces funcionan a la inversa. Hacen algunos ejercicios y algunas meditaciones y, como no obtienen de inmediato resultados espectaculares, lo abandonan diciendo que "esto no funciona".

Igual que el cuerpo físico, el cuerpo astral debe entrenarse y gracias a este entrenamiento podemos adquirir algunas percepciones o expansiones de la conciencia, lo que nos dará una nueva comprensión de nuestro lugar en el Universo. Pero entonces tendremos que discernir cuál es la parte del ego en todo esto.

EL CHAKRA SOLAR Y EL EGO

¿Qué es el ego? En el plano de la comprensión energética, el ego es la sinergia de los tres primeros Chakras, los Chakras "Materia", así es como los apodé. De hecho, el ego es la energía común de los tres Chakras de la personalidad que son el Chakra Base, el Chakra Sacro y el Chakra Solar.

Ilustremos esto con un ejemplo.

El ego es como una casa. Tiene comedor, cocina, y recámara. También tiene muebles que están en las piezas, ropa que está en los closets, etc. Es cómoda, segura. Un verdadero capullo. Nos sentimos bien en este lugar, no queremos dejarlo.

Emprender un camino iniciático va a consistir, la primera vez, en cambiar de lugar los muebles de la casa, luego, la segunda vez, probablemente deshacernos de estos muebles. Por último, hay grandes probabilidades de que dejemos la casa para mudarnos a otra que será la "casa del alma".

Evidentemente, al ego no le gusta esta situación. Al ego no le gusta en absoluto lo que pone en duda su posición. En el fondo sabe que en cuanto nos comprometemos en estos procesos, uno u otro día vamos a cambiar de casa.

¿Entonces cómo no dejarse manipular por el plano astral y por el ego? Antes que nada al darse cuenta que el temor asociado a la pérdida del ego viene de lo que tememos, lo que es diferente a nosotros, lo que no nos corresponde.

De hecho, se trata del temor al Otro. Porque al ponerse en comunicación con lo que es diferente de nosotros, llegamos a modificar gradualmente nuestra manera de ser. En ese momento interviene nuestro ego, rechazando la diferencia, la fuente de transformación de la manera de funcionar cómoda y bien establecida que es la armadura de la existencia del ego.

Por consiguiente se trata de poner en tela de juicio al ego. Al sentirse acorralado, éste defenderá paso a paso las posiciones conquistadas y hará cualquier cosa para enganchar un proceso de negación de la diferencia, para proteger su existencia.

Él es el que nos hará decir, por ejemplo, después de un curso donde hubo muchas percepciones y han provocado una gran fatiga física (señal muy conocida de descristalización física): *"Este instructor es nefasto para mí. Siempre salgo cansado de sus cursos. Ya no voy a seguir."* Entonces ha ganado el ego.

También él hace que se provoque una descompostura del coche en el momento en que vamos a conocer a alguien importante para nuestra evolución o hace que suene el teléfono o el timbre de la puerta de entrada cada vez que vamos a empezar a meditar o a estudiar.

Otras tantas manifestaciones de un ego que, al sentirse amenazado, defiende su territorio.

Ahora les propongo la primera ascesis del Chakra Solar. Se trata de entrar en una relación de comunicación, es decir sentir respeto y simpatía por lo que es diferente a nosotros. Al hacerlo, llegaremos a descubrir, con sus diferencias, lo que nos falta con el fin de enriquecernos. Entonces lo vemos con amor y lo integramos. Así haremos nuestra esta frase de Saint-Exupéry en *El Principito: "Si eres diferente a mí, hermano, en vez de quitarme, me enriqueces."*

Sin embargo, es importante escucharse antes de empezar este trabajo. Hay que detenernos para darnos cuenta de nuestras capacidades y de nuestras limitaciones. Saber que en el plano emocional, podemos vivir ciertas cosas y tener necesidad de otras y admitirlo. Si no procedemos de esta manera, nos exponemos a un desmoronamiento (depresión nerviosa) de nosotros mismos, que consiste en una ruptura de la comunicación entre el cuerpo físico, el ego y el alma.

Por ello no nos impongamos en el plano emocional, cosas que no somos capaces de asumir. Más bien valoremos lo que somos y cuales son nuestras necesidades. Consideremos en qué medida y de qué manera podemos satisfacer las exigencias de nuestro cuerpo emocional. Sin que sea prioritario en su funcionamiento.

PRIMER EJERCICIO INICIÁTICO
EN EL CHAKRA SOLAR

Ahora les propongo un excelente ejercicio que se daba en ciertas escuelas ocultas, especialmente en la escuela iniciática de Pitágoras, después de largos años de estudio. Se trata de un ejercicio de retrospección.

Se puede hacer cada noche, antes de ir a dormir. Al efectuarlo sentimos prácticamente lo que viviremos en la primera fase *postmortem*, el periodo que le sigue a la muerte física.

Se trata de revisar en retroceso los sucesos del día y observar los momentos en que no seguimos el Camino de la Luz. Volvemos a despertar todas las energías negativas que se generaron durante todo el día, las revivimos en el plano emocional y las percibimos.

Después hacemos que vuelvan a subir estas energías al nivel del corazón, activamos en el Chakra Cardiaco una llama que va a quemar estas emociones, es decir, creamos en nosotros un sentimiento de amor respecto a estas emociones. Atención, es importante no despertar un sentimiento de culpabilidad. Esto constituiría un retroceso para nuestra evolución. Basta con hacer una revisión, observar las cosas y los sucesos y sacar las enseñanzas apropiadas.

Después examinamos los sucesos agradables del día, los momentos en que estuvimos en la Luz; los colocamos en la Luz y despertamos en nosotros un sentimiento de exaltación en relación con la Divinidad. Actuando de este modo, volvemos a equilibrar – y de una manera casi total– el karma que creamos durante el día.

CUALIDADES Y DEFECTOS ASOCIADOS AL CHAKRA SOLAR

Los defectos asociados a una disfunción del Chakra Solar son los siguientes:

- tendencia a la decepción o al derrotismo
- falta de sentido de responsabilidad
- ruptura de la comunicación
- temor a todo lo que es diferente a nosotros, a todo lo que no se nos parece
- separación entre el cuerpo y el alma, lo que provoca la depresión y la enfermedad mental
- hipersensibilidad
- videncia, en su forma sin dominio
- paso al bajo astral
- temor y angustia

- egoísmo y celos en el amor
- apoyo exagerado en otro
- parcialidad
- cólera
- juicio precipitado
- agresividad

Las cualidades asociadas a la energía del Chakra Solar son:

- devoción, que es la comunicación con los planos superiores
- amor
- ternura
- intuición
- lealtad
- respeto

En cuanto a las cualidades por adquirir en el cuadro de una ascesis del Chakra Solar son:

- autosacrificio
- pureza
- tolerancia
- serenidad
- equilibrio en la vida
- comunicación

II – ELEMENTO CORRESPONDIENTE AL CHAKRA SOLAR: EL FUEGO

Casi todos los aspectos simbólicos del Fuego están presentes en la filosofía Hindú, que le atribuye una importancia fundamental.

Agni, Indra y *Sûrya* son los fuegos de los mundos terrestre, intermedio y celeste, simbolizados por el fuego ordinario, el rayo y el sol.

Existen otros dos fuegos, el de la penetración y el de la absorción (*Vaishvanara*), y el de la destrucción (uno de los aspectos de *Agni*). La tradición nos dice igualmente que Brahma es idéntico al Fuego.

En el Yi-King, el Fuego simboliza al espíritu, que también es el aliento y el conocimiento intuitivo.

En Occidente, el Fuego es símbolo de la purificación y de la regeneración. En la liturgia Católica, el Fuego Nuevo se celebra en Pascuas.

San Martín decía: *"El hombre es fuego; su ley, como la de todos los fuegos es de disolver (su cubierta) y de unirse a la fuente de la que está separado (Dios)"*. Buda nos habla igualmente del fuego interno, que es a la vez Conocimiento, Iluminación y destrucción de la envoltura.

El Fuego permite llevar las energías al estado sutil, por la combustión de la envoltura grosera. Ciertas cremaciones rituales encuentran su origen en la aceptación del Fuego como vehículo del mundo de los vivos para llegar al mundo de los muertos.

Los ritos de purificación por el Fuego son ritos de paso. En los ritos iniciáticos de la muerte y el renacimiento, el Fuego se asocia a su principio antagónico, el Agua. La purificación por el Fuego, es complementaria de la purificación por Agua.

El Fuego posee un valor simbólico de purificación e iluminación. En esto, es la prolongación ígnea de la Luz.

En sánscrito, "fuego" y "puro" se traducen con la misma palabra. El sánscrito incorpora a este símbolo los ritos de incineración, el sol, los fuegos de elevación y de sublimación, así como todo fuego que transmite una intención de purificación y de luz.

El simbolismo del Fuego sería la etapa más importante de la intelectualización del Cosmos, que nos aleja cada vez más de la condición animal.

H. P. Blavatsky escribe esto en la *Doctrina Secreta*

El Fuego es la reflexión más perfecta y más pura, en el cielo y sobre la tierra, de la Flama Única. Es la vida y la muerte, el origen y el fin de todas las cosas materiales. Es la Substancia Divina. [...] Nuestra Tierra y el hombre son los productos de los Tres Fuegos.

Alice Bayley, en su libro *Un Tratado del Fuego Cósmico*, distingue tres fuegos, que son la base de toda la enseñanza transmitida por el Maestro Djwal Khul:

– Los Fuegos internos: Fuego por fricción
– El Fuego de la mente: Fuego solar
– El Fuego del Espíritu: Fuego eléctrico.

Seremos llevados a estudiar estas nociones en detalle después, en el próximo libro sobre la Iniciación por el Fuego.

III – NÚMEROS ASOCIADOS AL CHAKRA SOLAR: EL 8 Y EL 22

EL NÚMERO 8

El Número Ocho es conocido universalmente como el número del Equilibrio Cósmico. Este símbolo del equilibrio central también está asociado a la Justicia.

El octágono simboliza la sabiduría infinita que cubre innumerables formas y se encuentra en el centro de todo el esfuerzo espiritual, de toda instrucción y de toda búsqueda.

En la Tradición Cristiana, el Número Ocho es el símbolo del logro y de la terminación. Es el Número del Cristo. El octavo día es el de la resurrección y de la transfiguración, el que anuncia la eterna era futura. Corresponde al Nuevo Testamento; anuncia la beatitud del mundo futuro en otro siglo.

El 8 acostado es el símbolo matemático del infinito. El Número 8 es el número de la transformación de la Materia en Espíritu, de la transmutación del cuerpo y de los valores, de la resurrección. Es el número de la espiritualización de la Materia y el de la generosidad.

PALABRAS CLAVE RELACIONADAS
AL NÚMERO 8

Transformación, Transmutación;
Muerte, Resurrección, Renacimiento;
Reencarnación;
Materia, Poder;
Karma, Ciencias Ocultas;
Sombra, Pesadilla, Angustia;
Camino, Pasaje;
Fetichismo, Adhesión;
Cristalización;
Bautismo, Bendición.

EL NÚMERO 22

El número 22 es un Número Maestro. Simboliza el conjunto del tiempo transcurrido, desde el principio de la creación hasta el final de la organización del mundo. Es la conclusión de la obra del Creador, el término de las palabras, el número del Universo.

Este número es el de la Misión. Construye para el Universal y para la Humanidad. También puede ser un número de manipulación.

PALABRAS CLAVE RELACIONADAS
AL NÚMERO 22

Constructor, Humanista;
Mago, Chamán;
Vagabundeo;
Búsqueda del Absoluto;
Conquista del mundo;
Amor Cósmico;
Iniciación;
Magia, Fuerzas Ocultas;
Servicio a la Humanidad.

IV – COLORES CORRESPONDIENTES AL CHAKRA SOLAR: EL AMARILLO Y EL COLOR ORO

EL COLOR AMARILLO

De todos los colores, el amarillo es el más luminoso. Resplandece, irradia.

Simboliza la luz solar, la Luz Espiritual. Es el símbolo del gozo, de la felicidad y del despertar.

Para los Tibetanos representa la inteligencia esclarecida por la iluminación y por la comprensión de los misterios. En China, el amarillo es el color de los Emperadores. En Europa, era también el de los traidores; se pintaba su puerta en amarillo en el siglo XVI.

El amarillo es el vehículo de la juventud, de la fuerza y de la eternidad divina. Es el color de los dioses.

Para los Tibetanos, el OM tiene como calificativo *zéré*, que significa "dorado"; de ahí viene el nombre "Zoroastro", que significa "astro de oro brillante, liberal, astro viviente".

EL COLOR ORO

El color oro es el color del Sol. El oro es por otra parte el Sol de los alquimistas. En el simbolismo religioso, el oro es el color del amor y este amor está asociado a la Luz, es decir a la Sabiduría. Es entonces el color del Amor-Sabiduría.

El oro también es el color del movimiento; une el pensamiento al movimiento. Es el color de la acción, pero de la acción volviéndose concepto. El color oro simboliza el Verbo.

Las palabras "oro", "luz" y "palabra" muchas veces se confunden en el inconsciente colectivo. En Hebreo, la palabra que designa la luz es *aour*, que se parece mucho a la palabra en latín *aurum* (oro) y a la palabra francesa *amour*. La palabra en latín *orare* (hablar) contiene también la palabra "oro".

En todas las Tradiciones, el color oro es el enarbolado por todos los intermediarios entre el Cielo y la Tierra: todos los iniciadores y los conductores de almas, los que poseen el don de convencimiento y que son depositarios de los secretos divinos.

San Pedro, que fue el encargado de reunir a los hombres con Dios, se representa con vestimentas doradas. En el simbolismo Cristiano, el oro y el amarillo son los símbolos de la fe. A la vez es símbolo de la palabra y de la luz, el oro se consideraba como poseedor de la llave del mundo de las vibraciones.

V – ELEMENTOS PSICOLÓGICOS RELACIONADOS AL CHAKRA SOLAR

EL FUNCIONAMIENTO ARMÓNICO DEL CHAKRA SOLAR

Cuando el Chakra Solar funciona armónicamente, experimentamos un sentimiento de armonía interior con respecto al sitio que tenemos en el Universo y al papel que nuestra alma decidió interpretar después del establecimiento de su "programa de vida". Nos sentimos en perfecta adecuación con las experiencias que vivimos, cualquiera que sea su naturaleza. Nos aceptamos tal como somos, con nuestro aspecto físico, nuestro estado de conciencia, nuestros potenciales, nuestras cualidades, nuestros defectos, nuestras carencias y utilizamos estos parámetros como un fantástico "laboratorio de pruebas". Aceptamos los sucesos de nuestra vida, nuestras emociones y nuestros deseos como experiencias necesarias para nuestra evolución, experiencias que nosotros elegimos vivir.

Nuestra manera de actuar y de pensar está en perfecta armonía con las Leyes Universales y de inmediato nos damos cuenta del momento en que esta armonía se rompe. Entonces ajustamos nuestras energías para volvernos a armonizar.

Somos una fuerza de irradiación de la luz y transformamos a todos los que se reaniman con nuestra "luz interior".

Nuestros deseos se realizan espontáneamente, porque estamos unidos de tal modo a la Luz de las cosas, que atraemos como un imán lo que deseamos por el juego de la Ley de Atracción.

EL FUNCIONAMIENTO INARMÓNICO
DEL CHAKRA SOLAR

El funcionamiento inarmónico del Chakra Solar nos pone completamente bajo la influencia del ego, de la personalidad. Nos colocamos en el querer, en la fuerza y en el poder. Queremos influir en todo a nuestro favor, controlar nuestro mundo interior y el mundo exterior, ejercer nuestro poder en todos los dominios de nuestra existencia. Sentimos una gran agitación interior y una profunda insatisfacción frente a los sucesos de la vida, lo que nos lleva a multiplicar las experiencias. No nos damos cuenta que en nuestro interior, al entrar en contacto con nuestro ser interior y nuestra alma encontraremos la satisfacción.

Muchas veces volvemos a encontrar las mismas causas en la disfunción del Chakra Solar y del Chakra Sacro. Rara vez podemos volver a equilibrar uno sin volver a equilibrar al otro.

Las causas de esta disfunción muchas veces están unidas a una relación mal vivida y mal comprendida con los padres, que nos separa de la Luz. Lo que ocasiona como principal consecuencia la falta de estima de uno. Muchas veces hemos dado rienda suelta a nuestra personalidad e impedido que se expresen nuestros sentimientos y nuestros deseos para satisfacer a nuestros padres o nuestros educadores y conformarnos al modelo que era de ellos. Luego siguió un bloqueo en el desarrollo de nuestros valores interiores y algunas veces una distorsión con respecto a nuestra percepción de nuestro propio valor.

Entonces buscamos en el exterior la confirmación de nuestras cualidades intrínsecas, buscando la aprobación y la admiración del prójimo a través de nuestros actos y nuestras decisiones.

Por otra parte, muchas veces sentimos la necesidad de dedicarnos a una intensa actividad para disfrazar el problema. Sin embargo, conseguiremos cierto éxito con respecto al reconocimiento y a la riqueza exterior, teniendo en cuenta la gran cantidad de energía que empleamos en este sentido.

Por otra parte este mecanismo tiene la tendencia de autoalimentar el proceso, apoyándose el ego en este éxito para alentarnos en esta evasión de nosotros mismos.

Pero la palabra-maestra de este estado del ser es INSATISFAC-CIÓN. Siempre queremos más; nunca somos capaces de detenernos. Muchas veces, dominamos o reprimimos nuestros sentimientos, encontrándolos molestos o indeseables. Nos avergonzamos mucho cuando los dejamos aparecer, porque por su simple existencia, vuelven a discutir los parámetros y las barreras que elaboramos tan laboriosamente.

Damos la impresión que nuestras emociones están bloqueadas pero, de hecho, procuramos que no aparezcan. Sin embargo, de vez en cuando nos hunden y nos hacen salir de nuestras casillas. Entonces explotamos con una cólera repentina e imprevisible o nos recluimos en un "mal humor" que realmente no tiene razón de ser.

La cristalización de este estado se manifiesta muchas veces con úlceras en el estómago o con repetidas crisis del hígado (que muchas veces ocultan una crisis de fe).

LA DISFUNCIÓN DEL CHAKRA SOLAR

Cuando hay una disfunción del Chakra Solar, los factores precedentes son exacerbados. Entramos en una fase de depresión nerviosa que marca la ruptura de la comunicación entre el cuerpo físico y el alma.

Por ello estamos deprimidos y sin energía, volviéndonos a encontrar en un estado de no querer, de no desear y de no vivir. En todas partes encontramos obstáculos que se oponen a la realización de nuestros más mínimos deseos.

Todo es problema, y cada problema toma proporciones enormes, sin una medida común con la realidad de los sucesos. Siempre hay algo que se atraviesa cuando queremos hacer alguna cosa.

El libre desarrollo de nuestra personalidad probablemente ha estado fuertemente "perturbado" durante nuestra infancia; en nues-

tros cuerpos sutiles se formaron impurezas emocionales, cristalizaciones que le quitaron toda fuerza y toda espontaneidad a nuestros actos y a nuestros deseos.

Consecuencia: las situaciones difíciles producen una gran agitación en nosotros, lo que ocasiona una mala coordinación. Preferi-
mos huir en vez de enfrentar nuevos retos o nuevos problemas.
Perdemos toda iniciativa y todo espíritu de empresa. Las experiencias nuevas o desconocidas nos dan temor.

VI – GLÁNDULA ENDOCRINA RELACIONADA AL CHAKRA SOLAR: EL PÁNCREAS

El Chakra Solar está unido, en el plano físico, al funcionamiento
del páncreas.

Como la glándula sexual, el páncreas también tiene una doble
función:

– una función exocrina, por la producción de jugos digestivos
  que se vierten en el duodeno
– una función endocrina, por la secreción de la insulina, del
  glucagon y de la somastostasina.

La insulina es una hormona que interviene en la regulación del
índice de azúcar en la sangre. La glucosa es la fuente energética
esencial del organismo; la insulina es la única hormona que dismi-
nuye el índice de glúcidos y de grasas en el aporte proteínico y que
hace bajar el índice de glucosa en la sangre. La falta de insulina
ocasiona una situación diabética o prediabética.

La acción del glucagon es diametralmente opuesta a la de la insulina. En cuanto a la somastostasina, es una hormona producida a
la vez por el páncreas y por el hipotálamo. Inhibe la producción de
las hormonas de crecimiento atendida por la glándula pituitaria,
por ello puede influir en los factores de crecimiento.

VII – ASPECTOS FÍSICOS RELACIONADOS AL FUNCIONAMIENTO DEL CHAKRA SOLAR

Los problemas físicos y las enfermedades asociadas al mal funcionamiento del Chakra Solar son los siguientes:

- indigestión o crisis del hígado (crisis de fe)
- flatulencias
- náuseas
- diabetes
- anorexia
- dispepsia
- bulimia
- depresión nerviosa resultando del temor y no de una psicosis
- estrés
- fobias
- dolor de estómago
- úlceras estomacales
- artritis
- reumatismo crónico
- problemas hormonales
- problemas dermatológicos
- problemas musculares
- todos los problemas de la zona abdominal.

VIII – ÁNGEL ASOCIADO AL CHAKRA SOLAR: NITHAEL
"Rey de los cielos"

La función principal de esta categoría de ángeles llamados Elohim es sensibilizar al ser humano al amor, al estetismo y a la belleza.

La energía y el poder del Ángel Nithael suscitan en el hombre un amor impregnado de una gran emotividad, de mucha ternura y de dulzura, de una afectividad importante y de un profundo respeto a los demás.

Esta dimensión del amor se apoya en un respeto fundamental hacia el otro, la primera condición para asegurar la autenticidad y la perennidad de una relación amorosa. Porque el amor no puede expresarse más que si respetamos a un ser y sentimos por él una gran ternura.

La energía dispensada por Nithael nos da una gran rapidez en el nivel mental y un deseo permanente de integridad y de transparencia. Como somos Luz, no sentimos ninguna necesidad de escondernos detrás de una apariencia.

Según la Tradición, el Ángel Nithael lucha contra toda tendencia al sensualismo y al abandono, tanto física como moralmente, que se traduce por un deseo inmoderado de lujo, de fuerza, de disfrute y de lujuria.

Todos los que se muestran inconstantes en sus relaciones con los demás y los que pretenden apropiarse de todo lo que desean, para perder el interés en cuanto lo adquieren, encontrarán la energía necesaria para reformarse llamando al Ángel Nithael.

El Ángel Nithael trabaja en la legitimidad. Es legítimo todo aquello que está de acuerdo con las Leyes Cósmicas y es ilegítimo lo que no está. De hecho, después de cada periodo de legitimidad (el poder del alma), corremos el riesgo de caer en la ilegitimidad (el poder del ego), igual que una espada de Damocles suspendida encima de nuestra cabeza.

El Ángel Nithael nos ayuda a volver a equilibrar esta tendencia y procura que la armonía pueda establecerse en periodos cada vez más largos, llevando a periodos de rejuvenecimiento. Al estabilizar nuestras fuerzas, el Ángel Nithael nos permite edificar lo que es permanente y eliminar lo que es ilusorio. Y esta estabilidad interior traerá la estabilidad exterior (pareja, trabajo, etc.). No se trata aquí de inmovilidad, sino de movimientos acordes con los ritmos cósmicos y siguiendo la marcha rítmica del Universo.

IX – *MUDRA* ASOCIADO AL CHAKRA SOLAR

Este *mudra* nos permite fortalecer el elemento Fuego y aumentar el calor del cuerpo. Fortalece la vista y la acción digestiva; provoca el vigor del cuerpo y aumenta el apetito; facilita la circulación de las energías emocionales y la unión entre el Chakra Solar y el Chakra Sacro.

Se hace este *mudra* colocando su mano derecha sobre su mano izquierda y doblando el pulgar de la mano derecha hacia el dedo meñique, dejando una distancia de un centímetro entre el pulgar y la raíz del dedo meñique.

Luego apoyamos suavemente el pulgar izquierdo sobre la coyuntura del pulgar derecho.

X – MEDITACIÓN EN EL SONIDO
ASOCIADO AL CHAKRA SOLAR

Siéntense cómodamente...

La espalda recta, los hombros sueltos pero no encorvados...

Los pies bien planos en el suelo...

Las manos colocadas sobre las rodillas, las palmas dirigidas
hacia el cielo...

Cierren los ojos y respiren profundamente dos o tres veces...

...

Ahora dirijan su atención a su respiración...

Simplemente percíbanla...

Simplemente observen el movimiento del aire en sus pulmones...

...

Ahora dirijan suavemente su atención a las hendiduras de las palmas de sus manos...

Simplemente percíbanlas...

Quizás sientan un hormigueo, una picazón...

Siéntanlos simplemente...

...

Ahora dirijan suavemente su atención a las hendiduras de las plantas de sus pies...

Simplemente contémplenlos...

Quizás sientan movimientos de la energía...

Percíbanlos...

Acéptenlos...

...

Ahora dirigen su atención a la altura de su Chakra Solar...

Está ubicado a la altura del plexo solar, en el punto de la unión de las costillas flotantes...

Obsérvenlo simplemente...

Percíbanlo...

...

Verán aparecer en su centro un punto amarillo...

El amarillo del Sol...

Un amarillo muy brillante...

Muy caliente...

El amarillo de los girasoles en pleno verano...

Sienten este calor...

Este sol los irradia...

Penetra por los poros de su piel...

Sienten su caricia...

...

Ahora hacen que penetre este color, esta luz y este calor al interior de todo su cuerpo...

Sienten que en algunos lugares, esta luz no penetra...

Ciertas partes de su cuerpo no se calientan al contacto con este sol...

Son todas las partes de su cuerpo que contienen sus temores, sus angustias...

Visualizan estas partes de su cuerpo bañadas con el color amarillo y le ayudan al sol a que las caliente...

...

Sienten todos sus temores, todas sus angustias disolviéndose...

Aquí...

Ahí...

Sienten el bienestar en estas partes de su cuerpo que estaban privadas del sol...

...

Ahora respiran profundamente unos minutos sintiendo el bienestar y el gozo por haber recuperado su serenidad...

...

Ahora dirigen suavemente su atención a la altura de su frente...

A un punto situado entre las cejas, un poco atrás de la frente...

...

Visualizan un triángulo equilátero, con la punta dirigida hacia abajo...

El triángulo con la punta hacia abajo, símbolo del Elemento Fuego...

Visualizando este triángulo, se enlazan con la energía de todos los arquetipos asociados al Fuego...

...

Visualizando todavía este triángulo, pronuncian interiormente, en la nota musical *mi*, la palabra RAM...

La pronuncian varias veces, durante todo el tiempo de la exhalación, sin forzar su exhalación...

Hacen siete exhalaciones pronunciando varias veces la palabra RAM...

...

Se dejan llevar unos instantes por la energía de este Mantra...

...

Regresan suavemente a la conciencia de su cuerpo...

Se estiran...

Están AQUÍ...

Aquí y Ahora.

XI – MEDITACIÓN EN EL COLOR ASOCIADO AL CHAKRA SOLAR

Siéntense cómodamente...

La espalda recta, los hombros sueltos pero no encorvados...

Los pies bien planos en el suelo...

Las manos colocadas sobre las rodillas, las palmas dirigidas hacia el cielo...

Cierren los ojos y respiren profundamente dos o tres veces...

...

Ahora dirijan su atención a su respiración...

Simplemente percíbanla...

Simplemente observen el movimiento del aire en sus pulmones...

No intenten controlar la profundidad o el ritmo de su respiración...

Simplemente obsérvenla...

...

Ahora dirijan suavemente su atención a las hendiduras de las palmas de sus manos...

Simplemente percíbanlas...

Quizás sienten un hormigueo, una picazón...

Siéntanlos simplemente...

...

Ahora dirijan suavemente su atención a las hendiduras de las plantas de sus pies...

Simplemente percíbanlas...

Quizás sienten movimientos de la energía...

Percíbanlos...

Acéptenlos...

...

Ahora dirijan suavemente su atención a un punto situado debajo de sus pies...

Lejos, muy lejos...

En el centro de la Tierra...

...

Se hunden cada vez más profundamente hacia el centro de la Tierra...

Y allá lejos, hasta allá, ven que aparece un punto rojo...

Un rojo brillante...

Muy brillante...

Casi bermellón...

...

Y de este punto rojo, ven un rayo rojo que sube hacia ustedes...

Los envuelve, los rodea...

...

Sienten su consuelo, su seguridad...

Sienten su calor...

...

Ahora regresan al centro de la Tierra...

Y allá lejos, hasta allá, aparece un punto naranja...

Un naranja muy caliente...

El naranja del Sol Naciente...

Y de este punto naranja, ven un rayo naranja subir hacia ustedes...

Los envuelve...

Los mece...

Los mima...

Se sienten como en un capullo...

...

Los rodea...

Los protege...

Se sienten en comunicación con su ser interior...

...

Ahora dirijan su atención de nuevo al centro de la Tierra...

Y allá lejos, hasta allá, aparece un punto amarillo...

Un amarillo brillante...

El amarillo de los limones...

...

Y de este punto amarillo, ven que un rayo amarillo sube hacia ustedes...

Los penetra...

Penetra en todas las células de su cuerpo...

...

Sienten una irradiación que activa todas sus células...

Sienten que todos sus temores y todas sus angustias se disuel-
ven al contacto con este rayo amarillo...

...

Sienten que el gozo los invade...

Sienten que la alegría los invade...

Y se dejan llevar por estos sentimientos...

...

Ahora dirijan su atención frente a ustedes, a la línea del horizonte...

Lejos, muy lejos frente a ustedes...

...

Y allá lejos, hasta allá, en la línea del horizonte, ven aparecer un
punto verde...

Un verde esmeralda muy hermoso...

El verde de los Jades de China...

...

Y de este punto verde, ven un rayo que se dirige hacia ustedes...

...

Llega hasta ustedes y penetra en su pecho, en su corazón...

Y de su corazón, se difunde a todo su cuerpo...

Sienten que su amor penetra en ustedes...

Y se dan cuenta que aman todo su cuerpo...

...

Sienten este amor por ustedes mismos...

Y hacen que irradie este amor en toda la Tierra...

...

Ahora dirijan su atención lejos, muy lejos por encima de su cabeza, en el cielo...

Van lejos, muy lejos...

...

Y allá a lo lejos, hasta allá, ven aparecer un punto azul...

Un azul muy suave...

El azul del cielo...

El azul del mar...

...

Y de este punto azul, ven que un rayo azul desciende hasta ustedes...

Este rayo azul penetra por la parte superior de su cabeza y se expande en todo su cuerpo...

...

Sienten su bienestar...

Aplacamiento...

Calma...

Serenidad...

...

Dejan que esta paz interior se instale en su interior...

...

Ahora dirijan suavemente su atención hacia este punto, por encima de su cabeza...

Y ahí a lo lejos, hasta allá, ven que aparece un punto índigo...

Un índigo profundo...

El índigo de una noche sin luna...

...

De este punto índigo, ven que un rayo índigo desciende hacia ustedes...

Penetra por la parte superior de su cabeza y llena cada una de sus células...

Y ahí, en lo más profundo de sus células, sienten su pertenencia a las Estrellas...

Vuelven a encontrar los orígenes de su historia...

Y las Estrellas les transmiten su enseñanza...

...

Escuchen la Voz de las Estrellas...

...

Ahora dirijan muy suavemente su atención hacia este punto en las estrellas...

Y ahí a lo lejos, hasta allá, ven que aparece un punto violeta...

El violeta del Amatista, transparente, límpido...

...

De este punto violeta, ven que un rayo violeta desciende hasta ustedes...

Penetra en su cuerpo por la parte superior de su cabeza...

Y ahí, en ese mismo instante, empiezan a sentir su pertenencia con el Universo...

Comprenden que es la Manifestación de la Fuente...

Vuelven a encontrar el Ser Divino en ustedes...

...

Ahora van a visualizar muy suavemente por encima de su cabeza, un pájaro...

Un pájaro blanco...

Un pájaro inmaculado...

Blanco, Fuente de todos los colores...

Blanco, origen de todas las cosas...

...

Este pájaro es su Alma...

De este pájaro desciende ahora un rayo blanco...

Un rayo reluciente de Luz blanca...

Este rayo blanco pasa a diez centímetros del lado izquierdo de su cabeza...

Suavemente va a dar la vuelta a todo su cuerpo...

...

Desciende a lo largo de su hombro izquierdo...

De su brazo izquierdo...

De su muslo izquierdo...

De su pierna izquierda...

...

Desciende a lo largo de su pie izquierdo y pasa debajo de su pie izquierdo...

Pasa debajo de su pie derecho...

Y sube ahora a lo largo de su pie derecho...

...

Sube a lo largo de su pierna derecha...

De su muslo derecho...

De su brazo derecho...

De su hombro derecho...

Del lado derecho de su cabeza...

Y se reúne con el pájaro blanco...

Se reúne con su Alma...

...

Agradézcanle a su alma los regalos que acaba de darles...

...

Después de este largo viaje, van a regresar suavemente a ustedes...

Estírense...

Abran los ojos...

Están AQUÍ...

Aquí y Ahora.

Capítulo XI

El Chakra Cardiaco

LAS NUPCIAS ALQUÍMICAS
EL NACIMIENTO DEL HOMBRE NUEVO

I – DEFINICIÓN Y FUNCIONES

Chakra *Anahata*

Palabra de poder: "He aquí a un hombre cuyo nombre es germen". (Juan 6:12)

"Yo soy la vid". (Juan 15:5)

Anahata significa "Punto de Vida", en sánscrito. El Chakra Cardiaco es el punto de unión, el "Punto de Vida", el punto de equilibrio entre los tres Chakras ubicados debajo del corazón (el Chakra Base, el Chakra Sacro y el Chakra Solar) y los tres Chakras ubicados arriba del corazón (el Chakra de la Garganta, el Chakra Frontal y el Chakra Coronario). La unión entre las energías materiales y espirituales se realiza al nivel del Chakra Cardiaco. Esta unión se hace por el amor. Por eso hablamos de las Nupcias Alquímicas, siendo el corazón el "Athanor de nuestro ser".

El Chakra Cardiaco representa el punto de equilibrio entre la polaridad masculina (o intelecto) y la polaridad femenina (o intuición). Es el centro de la Cruz, el punto de equilibrio entre la verticalidad (o las energías Cielo-Tierra) y la horizontalidad (o las energías masculina-femenina).

El trabajo que hay que efectuar para subir a este nivel de energía es enorme ya que involucra los dos ejes fundamentales de nuestro ser. Pide que se equilibren nuestras polaridades masculina y femenina, por un trabajo profundo de comprensión, de análisis y de armonización, que pasará por su aceptación y su integración.

La misión del hombre en la Tierra consiste en integrar las energías espirituales en la Materia percibiéndolas y armonizándolas totalmente con Dios Padre. Lo que nos lleva a dar algunas especificaciones.

El trabajo en lo masculino y lo femenino es el trabajo en el padre (Chakra Solar) y en la madre (Chakra Sacro). La concientización de las energías del Chakra Cardiaco igual que su integración y su ubicación no podrán efectuarse mientras no se haya realizado un trabajo completo de armonización de los Chakras Sacro y Solar.

Ciertas religiones y ciertas enseñanzas esotéricas manifiestan una profunda incoherencia en este tema, predicando el desarrollo del amor incondicional y del servicio, sin haberle dado a sus adeptos la posibilidad de trabajar en las energías de estos dos Chakras. Pienso especialmente en la religión Católica que oculta en gran parte la sexualidad, una actividad regida por el Chakra Sacro.

EL CHAKRA CARDIACO, LA SEGUNDA PUERTA DEL CAMINO INICIÁTICO

El estudio de los tres primeros Chakras nos permitió establecer una correspondencia entre estas energías y los elementos de la personalidad. La energía del Chakra Solar nos puso ante una elección, con respecto al camino iniciático: ya sea por nuestras opciones para los planos de la Luz, o que favorecemos el plano del ego y del poder.

Con la energía del Chakra Cardiaco, vamos a abordar una nueva etapa del trabajo iniciático. Aquí también nos encontramos colocados ante una elección, que es prácticamente la misma que está asociada al Chakra Solar: el ego o el servicio a los demás.

Cuando instalamos la energía del Chakra Cardiaco, nos volvemos capaces de poner nuestra vida al servicio de los demás. Pasamos de un funcionamiento consistente en atraer las cosas hacia nosotros (por la acción del Chakra Solar) a una fase donde le damos a los demás (por la acción del Chakra Cardiaco).

Es una fuerza de amor enorme que se expresa así; no podrá ser vivida a menos que nuestras cuatro polaridades estén totalmente equilibradas.

El paso del Chakra Solar al Chakra Cardiaco corresponde a la Primera Iniciación, la Iniciación por el Fuego.

El Chakra Cardiaco constituye una transición entre los planos de la Materia y los planos del Alma (o del espíritu). De hecho, la energía del Chakra Cardiaco siempre es la del Chakra Base que se refinó y que ahora va a alcanzar una frecuencia vibratoria más elevada. Esta energía creadora entra aquí en un proceso de irradiación, a través de una vibración de amor que se dirige hacia el exterior como un sol.

Sin embargo, es importante comprender que el paso a la energía del corazón debe hacerse progresivamente, como es el caso cuando se cambia de Chakra o de frecuencia vibratoria.

EL CHAKRA CARDIACO Y LA DUALIDAD

El Chakra Cardiaco es el Chakra del contacto. Transforma las sensaciones, las emociones y las situaciones en sentimientos.

La energía de amor que sentimos en el nivel del Chakra Cardiaco antes que nada está fuertemente coloreada por la energía del Chakra Solar. Somos empujados por una energía de amor, teniendo toda la tendencia a querer obtener alguna cosa a cambio: "Te amo, pero me encantaría que tú también me amaras".

No es Amor Incondicional, es un amor que todavía tiene un tinte de amor a uno mismo. Entonces se produce una distorsión entre la idea que nos hacemos del amor incondicional −del cual sentimos la profunda realidad y tenemos profundamente una necesidad− y los sentimientos que se abren paso en nosotros. Estamos divididos por una gran tensión y por una dualidad persistente, aunque la personalidad algunas veces le gana al espíritu.

El conflicto que se instala en nuestro interior opone las fuerzas del amor a las del deseo, siendo el deseo la expresión de una energía que pretende atraer las cosas para sí y el amor siendo un don, una proyección hacia el otro, la transposición de su centro de interés hacia el Otro.

Entonces se hace fundamental comprender que por la existencia de este conflicto y por la fijación de esta tensión se instala la energía del Chakra Cardiaco.

Sin embargo, esta dualidad entre las fuerzas del amor y las del poder que se oponen en nosotros no debe provocar ninguna culpabilidad. Esta tensión es normal y sana; es una parte integrante del proceso de paso a las energías del corazón.

No podemos vivir el amor sin que haya una experiencia del deseo. No podemos amar sin tener "ganas" de amar. Si nos culpamos o emitimos un juicio sobre nosotros mismos en relación con esta dualidad, reforzaremos la vibración del Chakra Solar.

Recordemos que el Chakra Solar es el Chakra del juicio, de la culpabilidad y de la dualidad. Si fortalecemos la acción del Chakra Solar, por esta acción de juicio o este sentimiento de culpabilidad, bajamos nuestra frecuencia vibratoria y se tiene que volver a empezar el trabajo.

Por ello tenemos que pasar por la aceptación de nosotros mismos, de lo que somos, con todos nuestros componentes, nuestras cualidades, nuestros defectos y nuestro aspecto físico, haciendo simplemente una afirmación de lo que somos.

EL CHAKRA CARDIACO Y
EL AMOR A UNO MISMO

Para ilustrar la trampa asociada a la crítica y al ego, les propongo un ejemplo. Supongamos la siguiente situación: Decimos: "Estoy gordo". Esto es una afirmación. No decimos: "No soy hermoso porque estoy gordo". Esto es una crítica.

No emitimos una crítica cuando establecemos solamente una afirmación de los sitios, un inventario. No iniciamos un proceso.

Entonces hacemos una afirmación, notando los puntos sobre los cuales queremos trabajar y mejorar y nos aceptamos tal como somos.

Para ayudarnos en este acto de amor a nosotros mismos, podemos hacer una templanza del Chakra Cardiaco a partir del siguiente ejercicio, que haremos todas las mañanas en el cuarto de baño.

Colocados ante el espejo, nos vemos a los ojos y decimos la siguiente frase: "YO SOY ... (nuestro nombre), YO SOY, YO TE AMO."

Por ejemplo: "YO SOY DANIEL, YO SOY, YO TE AMO".

Con seguridad al principio, será difícil que las palabras salgan de nuestra garganta o quizás tendremos dificultad para vernos a los ojos, porque tal vez nunca lo hemos hecho realmente. Nuestros ojos pueden desviarse o tenemos la impresión de ver a un extraño.

De todos modos perseveremos; día tras día, comprobaremos que está operándose un cambio.

Este pequeño ejercicio nos ayuda a emprender este sendero de amor a nosotros mismos y nos abre la puerta del amor incondicional.

En un plano más general, esta transición entre las energías del Chakra Solar y el Chakra Cardiaco da lugar a numerosas enfermedades relacionadas con la evolución, ya sea:

- las enfermedades cardiacas, que son la señal del paso de las energías del Chakra Solar al Chakra Cardiaco.
- las enfermedades del sistema inmunológico (sida), que están asociadas a la falta de atención, a la incomprensión o al rechazo de la energía del Chakra Cardiaco.

EL CHAKRA CARDIACO Y EL PLANO MENTAL

En el plano sutil, el Chakra Cardiaco está unido al plano mental.

El plano mental ha sido un componente fundamental en la historia de la humanidad distinguiendo a las personas y sus componentes, haciendo seres autónomos, muy diferentes unos de los otros. El plano mental es de hecho el mecanismo de la conciencia por el cual el hombre se distingue y se separa de los demás. Este mecanismo tiene el nombre de "individualización".

La existencia y el funcionamiento de la mente permiten esta individualización. Esto nos une al espíritu y a Dios de una manera sumamente privilegiada ya que es el tipo de unión que nosotros mismos elegimos. Y esto simplemente (si puedo utilizar este término para calificar un proceso tan complejo) porque estamos conectados a la energía universal de una manera única, de una manera que sólo nos pertenece a nosotros. Todos poseemos una identidad, que es el fruto de todas las experiencias que hemos acumulado en el transcurso de nuestras encarnaciones. Nuestra identidad es diferente a la de los demás, como lo es nuestra manera de "conectarnos" con Dios.

Nuestra evolución futura dará lugar a una mutación de este plano mental. Conservaremos los aspectos que nos distinguen y nos definen, igual que las aptitudes y las capacidades que hemos desarrollado en el transcurso de nuestras últimas cincuenta o sesenta encarnaciones. Pero las pondremos al servicio de una vida colectiva, de una vida de grupo.

Es el motivo por el que Cristo decía: "Amarás a tu prójimo como a ti mismo". Es el mismo motivo que llevó a todas las grandes religiones a transmitir un mensaje de amor y a hacer que el amor fuera su único mensaje. El amor debe convertirse en el lenguaje universal, la energía dominante.

Es el trabajo que la humanidad debe realizar en el transcurso de los siguientes siglos: hacer que las energías del Chakra Solar pasen al Chakra Cardiaco; hacer que pasen las energías del ego a la frecuencia del amor incondicional y del servicio a los demás.

Por lo tanto la armonización de la energía del Chakra Cardiaco constituye un trabajo en el plano mental, el plano mental inferior, o intelecto, siendo responsable de la "mentalización" y de la racionalización. Este es el plano mental que debemos activar para desarrollar las energías del Chakra Cardiaco.

En primer lugar, observamos cómo actúa y reacciona nuestra mente y cómo nos une a los demás y a las fuerzas presentes a nuestro alrededor.

Después, nos preguntamos sobre una elección fundamental. ¿Nos vamos a unir al plan cósmico, conectando la materia al espíritu, o decidimos separarnos del plan cósmico, uniéndonos exclusivamente a las cosas de la materia? A nosotros nos toca tomar la decisión.

La existencia de nuestra individualidad constituye una fuerza inconmensurable. La adquisición de esta identidad es el objetivo enfocado por nuestra elección de entrar en el ciclo de encarnaciones. Pero esta individualidad también es una debilidad.

Podemos hacernos varias preguntas con respecto a las causas de esta fuerza y de esta debilidad, y sobre la forma como cohabitan en nosotros:

- ¿Cómo me conecto, personalmente, con esta energía cósmica?
- ¿Quién soy yo?
- ¿De qué manera estoy construido con respecto a este esquema mental?
- ¿Cómo edifiqué mi personalidad?
- ¿Me distingo y me disocio de los demás, y de qué manera?
- ¿De qué manera y por qué motivo me encuentro ahora en una etapa en que esto debe transformarse?

Al responder a estas preguntas y al transformar progresivamente nuestro plano mental, podremos poner en su sitio la energía del Chakra Cardiaco. Aquí se trata de un nuevo enfoque, en lo que respecta a nuestro trayecto iniciático. En efecto, cuando estudiamos los tres primeros Chakras, la primera instrucción fue: "Hagan caso omiso de la mente y traten de sentir lo que pasa en el interior de su cuerpo, de su vientre".

Ahora, abordamos una nueva etapa: funcionamos gracias a la mente. Entonces hay un Paso.

Entramos en el Paso de la Primera Iniciación, la Iniciación por el Fuego, que será seguida por el Paso del Chakra de la Garganta al Chakra Frontal, es decir la unión consciente al espíritu, por medio de la mente.

EL CHAKRA CARDIACO Y
EL AMOR INCONDICIONAL

Antes que nada intentemos definir lo que entendemos como "amor incondicional".

El amor incondicional, como lo indica su sentido etimológico, es amor sin condición.

Te amo...
Te amo porque te amo, pero no es tu problema...
En el fondo, ni tú estás para saberlo...
Te amo.

El amor incondicional es el que no espera nada y no pide nada a cambio. Pero evidentemente, para poder amar a su prójimo incondicionalmente, primero hay que amarse a uno mismo incondicionalmente. Lo que nos lleva a lo que ya señalamos, la aceptación de uno mismo.

La energía del Chakra Cardiaco despierta nuestra mente, de modo que podamos incluirnos en una vida de grupo. Por lo tanto, esta energía nos lleva a transformar nuestra mente con el fin de volver a encontrar nuestro lugar en el "Kosmos", así como lo llamaban los Griegos (*Kosmos* significa "orden" en Griego; cada cosa está en su lugar y en interrelación con el resto del Universo).

El Chakra Cardiaco nos lleva a integrar la fuerza del amor en la mente; la mente, esta energía que creó la separación y la división; la mente que empuja a los hombres a destrozarse mutuamente en su búsqueda de bienes y de ganancias para ellos mismos más que por el bienestar de la humanidad.

El trabajo efectuado en el Chakra Cardiaco nos permite introducir el amor en la mente y eliminar la alteración y la división, tanto al conservar nuestras propias capacidades (Conciencia de Sí Mismo) y dándonos cuenta que formamos parte de un Todo, de un grupo.

El trabajo realizado en el Chakra Cardiaco nos regresa a la Unidad, a volver a encontrar la "casa del Padre". Nos hace recuperar la Unidad con la Divinidad y nos hace tomar conciencia.

EL CHAKRA CARDIACO
Y LA ENERGÍA DE GRUPO

Ahora les propongo el primer trabajo de reflexión. Vamos a meditar sobre el lugar que ocupamos en el interior de un grupo, de una colectividad. No intentemos determinar nuestro lugar con respecto a la humanidad, porque muchas veces tenemos la tendencia a fijar ideales muy inaccesibles, tan lejanos de nuestra "realidad" que se quedan como conceptos, ideas filosóficas y no pueden realizarse en los hechos.

Por ello no meditaremos sobre el amor a la humanidad, sino más bien sobre un pequeño grupo, especialmente el que está más cerca de nosotros: la familia. Hagámonos las siguientes preguntas:

- ¿En qué posición estoy en la familia?
- ¿Qué lugar ocupo en la familia?
- ¿Cómo puedo armonizarme con este grupo e integrarme?
- ¿Cómo puedo cambiar el rumbo de mi vida sin preocuparme también por mi ascenso y mi desarrollo en el interior de un grupo, sino más bien en la promoción y el desarrollo de este grupo?
- ¿Cómo puedo participar en la vida del grupo, en la vida de la comunidad?
- ¿Qué elemento podría yo aportar y que pudiera beneficiar al grupo en general?

La palabra clave del Chakra Cardiaco es: "vida de grupo". La vida del grupo consiste en poner sus fuerzas personales a la disposición de un cuerpo más vasto, de un cuerpo místico que es el conjunto de la humanidad, pero que es primero nuestra compañera, nuestro compañero, nuestros hijos, nuestra familia, nuestras amistades, etc.

De hecho, la energía de amor se familiariza primero entre dos individuos. Esto empieza por la pareja, después por la familia. Luego solamente, podemos abrirnos más al exterior. Entonces estemos atentos. No nos lancemos en operaciones de caridad o carismáticas pregonando el amor incondicional, cuidando a los demás, dando de nuestro tiempo pero abandonando a nuestra compañera o a nuestro compañero y nuestra familia.

No vayamos al otro extremo del mundo para cuidar a los desvalidos si no podemos ayudar al anciano que muere de soledad, que vive junto a nosotros.

El trabajo que debemos hacer se encuentra AQUÍ, en nuestro entorno, en nuestro contexto social y cultural. Habríamos encarnado en la India si hubiéramos debido trabajar. Y este trabajo, lo debemos hacer AHORA, en este instante, sin esperar, aprovechando esta fuerza de amor que arde en nosotros.

Al no trabajar en el AQUÍ y el AHORA, nos evadimos. Esta evasión no puede en ningún caso desarrollar nuestro Chakra Cardiaco, porque tiene muy poco que ver con el amor incondicional.

EL CHAKRA CARDIACO Y EL RESPETO DE UNO MISMO

Amar, es aprender a vivir para otra persona, es ser capaz de sacrificar su individualidad y su personalidad en beneficio del otro pero sin anularse o negarse a sí mismo, sino respetándose y amándose.

Jamás podremos respetar y amar a otro si somos incapaces de hacerlo por nosotros mismos. Iremos directamente al fracaso.

Entonces no es cuestión de ocultar o de negar una parte de sí mismo. Se trata de mantener su integridad y de orientarla hacia la comunidad, que es un campo magnético común. Ahí también, es importante darse cuenta de este mecanismo.

El otro se presenta cuando nos amamos a nosotros mismos.

En los talleres, o después de los cursos, Nadine y yo nos topamos con muchas personas que se quejan de estar solas y de no encontrar al compañero o compañera ideal. Siempre, por la misma Ley Universal de la Atracción atraemos lo que está en nosotros.

¿Cómo podemos esperar encontrar el amor, si no nos amamos a nosotros mismos, si el amor no está presente en nosotros? ¿Y cómo podría amarnos Otro si no siente el amor en nuestro interior?

De hecho, no nos puede faltar el amor. **Sólo podemos estar rechazando el amor, rechazando el amor a uno mismo.**

Amar, es ser capaz de seguir asumiendo nuestra individualidad, acentuando más lo que nos une a una persona, que lo que nos separa.

Es cierto que las teorías modernas con respecto al funcionamiento mental y psicológico se oponen a este concepto. Realmente le enseñamos a las personas a poner en evidencia sus particularidades, su marginalismo y los aspectos que los distinguen de los demás. Por eso, tantas parejas tienen problemas de comunicación.

Siendo ahora la individuación una energía perfectamente estable dentro de la humanidad, ya no tenemos que tener la experiencia. Entonces podemos sobrepasarla para ir en busca de la Unión. Haciendo esto, pondremos en su sitio esta vida colectiva, esta energía de fraternidad universal que todo el mundo anuncia para la era de Acuario, pero que muy pocas personas preparan.

El proceso de activación de la energía del Chakra Cardiaco pasa entonces por las siguientes fases:

- identificación de lo que somos;
- aceptación y expresión de características y cualidades inherentes en cada uno de nosotros;
- comprensión e integración de la idea de que somos parte de un conjunto que es la humanidad y que la vida de este conjunto es lo que cuenta.

Para comprender mejor este concepto, vamos a hacer una analogía con el cuerpo humano. Si el corazón tuviera el siguiente razonamiento: "Lo que me interesa es la irrigación de mi propio músculo; la irrigación de los músculos de los brazos y de las piernas no me interesa", los otros músculos ya no estarían irrigados y morirían. Y si todos los órganos tuvieran este lenguaje, la anarquía se instalaría y el cuerpo dejaría de vivir.

EL CHAKRA CARDIACO
Y EL MISTERIO DE NAVIDAD

Yo quisiera, antes de terminar este capítulo, darles un método, una técnica precisa de armonización del Chakra Cardiaco, permitiéndonos poner en su lugar la energía de este Chakra, de una manera que podríamos calificar como "científica".

Voy a volver a tomar una analogía propuesta por Monseñor Rafael Payeur, con respecto al Misterio de Navidad.

Jesús, que nació en Navidad, representa al Hombre Nuevo. El que debe aparecer. El que debemos llegar a ser. Es el Hijo Recién Nacido. El que va a nacer en un Nuevo Orden mundial en una Nueva Era. El que pretendemos edificar.

Va a nacer en nosotros mismos. Es el Hombre Nuevo. Es hacia lo que nos inclinamos como conciencia de una Nueva Era.

Al respecto, el Nuevo Testamento nos relata un pasaje simbólico de María y de José, de Jerusalén a Belén. Hacen un largo viaje. Dejan su seguridad para vivir un cambio. En el plano simbólico, el viaje representa un cambio de situación y de entorno, propicio para una transformación, una iniciación, una expansión de conciencia. El viaje permite cambiar nuestros automatismos colocándonos ante nuevas situaciones que van a ocasionar nuevas reacciones en nosotros.

Para que el Nuevo Hombre pueda nacer en nosotros, tenemos que poder dejar la comodidad, la seguridad, la facilidad, nuestros hábitos, nuestros pensamientos y nuestros sentimientos. Debemos renunciar a nuestra casa, esta casa que es una extensión de nosotros mismos, de nuestra personalidad. Debemos renunciar a nosotros mismos, dejar la "casa del ego", dejar nuestro ego.

José y María se dirigen a Belén en condiciones difíciles. María está encinta; ella va a dar a luz pronto y nadie quiere recibirlos. Una mujer a punto de dar a luz da temor. Los sucesos nuevos e imprevistos dan temor.

Cuando abandonamos nuestra comodidad, nos encontramos ante cualquier cosa incierta, inestable. Abandonamos nuestras "bases" y nos sentimos perdidos. Además, la nueva vibración que se abre paso en nosotros atemoriza nuestro entorno, nuestro medio ambiente. Éste ya no nos comprende, ya no nos reconoce. "Has cambiado", nos dicen.

Entonces debemos retirarnos del mundo, para vivir en la soledad de este nuevo nacimiento, para recibir a este Hombre Nuevo que va a nacer. La soledad es indispensable y los maestros nos lo dicen: "El Discípulo está solo en el Sendero".

En el Misterio de Navidad, José es el Hombre. Simboliza el principio masculino, el principio del espíritu, el intelecto, el cuerpo mental, el que razona y el que separa. María es la Mujer. Ella simboliza el principio femenino, el principio de síntesis, todo lo que es unión, todo lo que relaciona las cosas entre sí, todo lo que las une.

Cuando María le anuncia a José que está encinta por el Espíritu Santo. José no lo acepta. Quiere repudiar a María; hasta el momento en que un ángel aparece y le confirma la venida de Jesús, el Hijo de Dios.

El Hijo de Dios, el Hombre Nuevo aparece en nosotros por el Espíritu Santo. Es, en cierto modo, una simiente que llega en nuestro corazón por "generación espontánea". José no acepta que el Hombre Nuevo no pase por él. El intelecto, la mente no puede aceptar este hecho.

Como José, aprendemos, por intuición o por revelación, que un Hombre Nuevo va a nacer en nosotros. Al principio, rechazamos a este Hombre Nuevo, porque va a nacer sin que hayamos participado realmente en su concepción, es decir sin el mecanismo del intelecto y de la mente. Lo rechazamos.

Vamos a necesitar ser fecundados por el Espíritu, por Dios para recibir en nosotros este nuevo principio. Pero al no estar relacionado este principio con el principio masculino, que es el principio del intelecto, este último va ante todo a rechazarlo.

Es el motivo por el que los esotéricos nos dicen que la salud de la humanidad va a venir de la Mujer. En el hombre no va a llegar más que por la acción del principio femenino de recepción amorosa e intuitiva de la energía divina.

Aquí estamos en presencia de todo el misterio del Chakra Cardiaco.

El hombre materialista del siglo XX no puede aceptar que el Hombre Nuevo pueda pasar por una vía de nacimiento que no esté determinada por la mente.

De hecho, lo que no acepta, es la energía femenina que está en él; esta energía del amor y de la intuición.

¡Pero atención! Esta energía debe instalarse en nosotros sin que sea rechazado el principio del intelecto. María hubiera podido rechazar a José. Ella le pudo haber dicho que no tenía necesidad de él. Pero ella fue dichosa por crear esta pareja primordial que llevó al nacimiento y permitió la educación y el desarrollo de este Hombre Nuevo que era Jesús.

Es lo mismo para nosotros. La unión de la intuición y del intelecto, de nuestra polaridad femenina y masculina nos permite desarrollar, comprender y educar al Hombre Nuevo que acaba de nacer en nosotros. Este Hombre Nuevo tendrá necesidad del padre, del intelecto, como apoyo de su desarrollo y de su expresión. Debido a la importancia de José. Debido a la importancia de la mente. Jesús nace en un pesebre, un comedero para animales. Este pesebre, en el plano simbólico, detenta la fuerza animal, la fuerza biológica que va a alimentar a este Hombre Nuevo.

El pesebre simboliza la personalidad inferior que va a alimentar al Hombre Nuevo. Este último va a nacer en un pesebre, en un establo, lejos de la comodidad y lejos de la sociedad.

El nacimiento del Hombre Nuevo no se hace en las nubes; no se trata de una acción desencarnada. Nace en su carne, en la vida cotidiana, nutriéndose con las energías de los tres primeros Chakras. Pero igual que un recién nacido, tendrá necesidad de ser protegido. Esta fuerza cardiaca, esta fuerza de amor tiene necesidad de ser protegida, de ser alimentada.

Por ello es sumamente peligroso, cuando sentimos que se despierta en nosotros esta fuerza del Chakra Cardiaco, que se expone esta energía al exterior. No se nos ocurriría pedirle a un niño que levante un costal de cemento de 50 kilos o que se hiciera cargo de una familia.

Mientras nuestro Hombre Nuevo no se haya convertido en adulto, mientras no se haya instalado completamente la energía del Chakra Cardiaco, entonces no debemos lanzarnos en acciones de transmisión de esta energía cardiaca, uniéndonos, por ejemplo, a grupos de sanación espiritual.

Jesús esperó 33 años antes de convertirse en el Cristo. Bien podemos esperar unos meses antes de expresar esta fuerza del Chakra Cardiaco que nos empuja hacia el exterior, hacia los demás.

Colocamos a Jesús entre el buey y el asno para reanimarlo. El buey es el símbolo de la fertilidad y de la sexualidad. Es Tauro en astrología. Esta fertilidad va ponerse al servicio del Cristo. El buey va a inspirar la vida y a ponerse al servicio del recién nacido.

La sexualidad está puesta al servicio del amor. Por ello en una relación amorosa con un ser amado, el amor va a encontrar todo su desarrollo y va a proteger este amor incondicional naciente.

El asno representa al hombre viejo, al viejo Adán. El asno aparece varias veces en la vida del Cristo, especialmente cuando hace su entrada triunfal a Jerusalén, unos días antes de ser crucificado. Está montado sobre un asno y la muchedumbre avienta pétalos de rosas sobre los pasos del animal.

El asno simboliza la antigua Tradición. El Hombre Nuevo se apoya en su pasado para avanzar. Pero lo que forma parte del pasado no debe rechazarse. Gracias a todo lo que ha formado nuestra historia, incluso las cosas más difíciles, somos lo que somos hoy y el Hombre Nuevo puede nacer.

Este Hombre Nuevo, este amor nuevo tiene necesidad de una base para desarrollarse. Esta base, es el hombre antiguo, el intelecto, nuestra historia, sobre la cual nos apoyamos. El pasado debe ser reconocido y es aquí donde regresamos a la idea del juicio. Para que el Hombre Nuevo pueda desarrollarse, debe haber aceptación y amor a sí mismo.

Démonos las gracias por habernos dado las experiencias que han sido las nuestras, incluso si han sido sumamente duras y difíciles, porque es lo que constituye nuestra historia y nos hace lo que somos.

No podríamos encontrarnos en la energía del Chakra Cardiaco si no nos hubiéramos dado la posibilidad de vivir estas experiencias.

Para realizar una ascesis del Chakra Cardiaco, vamos a vivir las siguientes etapas:

1) Pérdida del elemento de seguridad, cambio de situación para permitirle al Hombre Nuevo que se encuentre en las condiciones favorables para el despertar.

2) Retiro del mundo y soledad, para dejar nacer a este Hombre Nuevo.

3) Bloqueos del intelecto o de la mente por superar, esto sin admitir que cualquier cosa pueda nacer fuera de él.

4) Penetración y fecundación por el principio femenino de la intuición que va a crear el amor, el Hombre Nuevo.

5) Unión de la intuición y de la mente para producir la fuerza del amor.

6) Instalación de este amor en lo cotidiano, en la familia.

7) Protección de este amor por el Hombre Anciano (lo que nos compone), con ausencia de todo juicio en relación consigo

mismo, experiencia de la sexualidad vivida como motor de nuestro desarrollo.

CUALIDADES Y DEFECTOS ASOCIADOS
AL CHAKRA CARDIACO

Los defectos y los problemas asociados al funcionamiento inarmónico del Chakra Cardiaco son los siguientes:

- problemas cardiacos
- enfermedades asociadas con el sistema inmunológico (sida, cáncer, etc.)
- problemas estomacales
- amor excesivo a uno mismo, o narcisismo
- exceso de consideración a sí mismo
- tendencias suicidas
- negación a vivir

Las cualidades asociadas al funcionamiento del Chakra Cardiaco son:

- calma
- paciencia
- amor a la verdad y a la justicia
- fidelidad, que es la más bella expresión de la energía del Chakra Cardiaco
- intuición
- expresión del amor y de la compasión
- servicio desinteresado
- fuerza de la transparencia

La fuerza de la transparencia consiste en mostrarse tal como somos, sin pantalla, sin apariencia y sin velo, en la aceptación de nosotros mismos. ¿Por qué ocultar alguna cosa, ya que nos aceptamos a nosotros mismos y que nos amamos y aceptamos todas nuestras diferencias? "Por lo tanto puedo mostrarme a ti, tal como soy y tú podrás amarme por lo que soy".

Es importante insistir en el hecho de que no podemos comprometernos en un sendero iniciático si no somos "iniciables". Y esto no podrá hacerse hasta que hayamos puesto en su lugar y armonizado algunos centros de energía.

La energía del Chakra Cardiaco es una de las claves de la Iniciación.

II – ELEMENTO CORRESPONDIENTE AL CHAKRA CARDIACO: EL AIRE

El Aire es el símbolo de la espiritualización. Víctor Hugo escribió, en la *Legende des siècles*[1]:

"El ser primero es mitad bruto, mitad bosque;
Pero el aire quiere volverse Espíritu, el hombre aparece."

El elemento Aire está asociado simbólicamente al soplo, al viento. Representa el mundo sutil, que sirve de intermediario entre el Cielo y la Tierra, el mundo de la expansión, que colma el soplo necesario en la vida de los seres. Es el símbolo de la vida invisible, el móvil universal, el purificador. Es el medio de propagación de la luz, del vuelo, del perfume, del color, de las vibraciones interplanetarias; es el camino de la comunicación entre el cielo y la tierra.

El elemento Aire produce una impresión íntima de alivio que no nos da el mundo exterior. Se trata de la conquista de un ser que en otro tiempo era pesado, pero que escuchó las lecciones de su imaginación, de su intuición y de la iluminación y que se volvió libre, como el aire.

III – NÚMEROS ASOCIADOS AL CHAKRA CARDIACO: EL 2 Y EL 6

EL NÚMERO 2

El Número 2 es el número del Otro. El 2 significa "tu". Con el Número 2, dejamos el YO. Este número es el descubrimiento del

---

[1]   La Leyenda de los Siglos.

Otro, el encuentro, la alianza. Es el número del prójimo, el número del contrato.

Con el Número 2, tomamos conciencia de la realidad del otro. No podemos tomar conciencia del YO, si no tomamos conciencia del TU. Empezamos a experimentar la Dualidad. No podemos ahorrarnos al Otro.

El simbolismo del Número 2 está asociado a la oposición, al conflicto, a la reflexión, a la dualidad. Simboliza, el equilibrio realizado, o la ambivalencia y el desdoblamiento. En la Antigüedad, simbolizaba la Madre, el principio femenino.

El Número 2 es el germen tanto de una evolución creadora, como de una evolución desastrosa. Kant decía al respecto: "Actúa siempre en tu vida de tal modo que no consideres nunca lo ajeno como un medio, sino siempre como un fin".

Dos = *Deo* = Dios = *Dies* = El Día = Dos = TU

PALABRAS CLAVES ASOCIADAS AL NÚMERO 2

Ternura;
Asociación, Cooperación, Alianza;
Colaboración, Equipo;
Trabajo de equipo;
Relación, Afectividad;
Pareja;
Amor;
Combate;
Obediencia, Sumisión;
Respeto al prójimo;
Corazón;
Mano Tendida;
Encuentro, Sonrisa.

EL NÚMERO 6

El Número 6 es el número de la creación, el número mediador entre el Principio y la Manifestación. En China, este Número es el del Cielo, desde el punto de vista de la manifestación.

El Número 6 es el símbolo del Sello de Salomón o del escudo de David, el emblema de Israel. Es la Unión de la Naturaleza Divina y de la naturaleza humana, de la polaridad masculina y femenina. El Sello de Salomón es el símbolo de la Gran Obra Alquímica.

El Número 6 es el número del servicio, de la responsabilidad y de la adaptación. Es el número del servicio a los demás. Al Número 6 se le pide adaptarse. Siempre es llevado a negociar y a servir de mediador entre los demás.

Es el número del amor conyugal y del matrimonio.

PALABRAS CLAVE ASOCIADAS AL NÚMERO 6

Servicio, Adaptación, Responsabilidad;
Conciliación, Negociación, Diplomacia;
Ayuda, Tomar para sí, Perfección;
Perfectibilidad, Matrimonio;
Freno, Elección;
Consideración del prójimo;
Sacrificio, Sacrificio del ego.

IV – COLOR CORRESPONDIENTE AL CHAKRA CARDIACO: EL VERDE

El verde simboliza el despertar de las aguas primordiales, el despertar de la vida. Es el símbolo de la esperanza, de la fuerza, de la longevidad. Es el color de la inmortalidad.

El verde muchas veces es el símbolo de la complementariedad de los sexos. También simboliza un conocimiento profundo, oculto, de las cosas y del destino.

Por el fenómeno de la fotosíntesis, el verde está en el mismo origen de la vida. Realmente, gracias a la substancia verde de los vegetales, la clorofila integra en los tejidos vivos el carbono contenido en la atmósfera.

El verde está unido a la Naturaleza. Comparen las palabras "verde", "virgen", "Venus".

En todas las religiones, el verde simboliza el primer grado de la regeneración espiritual. Es el color de los inicios, de la primavera, de la juventud, de la iniciación. Igualmente es el color de los profetas y el de San Juan, el Evangelista anunciador del Espíritu.

V – ELEMENTOS PSICOLÓGICOS ASOCIADOS AL CHAKRA CARDIACO

EL FUNCIONAMIENTO ARMÓNICO DEL CHAKRA CARDIACO

Cuando nuestro Chakra Cardiaco funciona de una manera armónica, somos un Canal de Amor Divino y nuestro corazón se convierte en un transmisor prodigioso de energía universal, un fantástico instrumento de sanación.

Las energías del corazón nos permiten cambiar el mundo unificando, reconciliando y sanando a las personas a nuestro alrededor.

Hacemos todo con el corazón. Manifestamos un calor natural, una cordialidad y una alegría espontáneas que abren el corazón de las personas. Les damos alegría y confianza en la vida.

La Sabiduría del Corazón nos permite *re-co-nocer* (re-nacer-con) y *re*encontrarnos (encontrar de nuevo la Energía divina que está en nosotros).

El amor está libre de todo temor, de toda barrera intelectual, de todo criterio de belleza.

A cada instante, estamos listos a perder todo por el amor del otro. Los Sufíes dicen: "morir antes de morir".

Somos generosos, pero sin buscar el reconocimiento. Actuamos de conformidad con el orden cósmico, aceptándonos y amándonos tal como somos y desarrollando la misma aptitud hacia lo que nos rodea. No pretendemos cambiar a los demás. Los tomamos tal como son y les manifestamos devoción y asistencia.

Un amor así puede tomar diferentes formas, como el Maestro que no duda en ser severo o enviar a su discípulo, si esto está justificado.

EL FUNCIONAMIENTO INARMÓNICO
DEL CHAKRA CARDIACO

Cuando el Chakra Cardiaco no funciona de una manera armónica, damos y amamos, pero esperando, en cambio, amor y reconocimiento.

La palabra maestra de esta energía es ADHESIÓN. Estamos adheridos al objeto de nuestro amor y tenemos temor a perderlo. Tenemos temor de la ausencia y de la muerte. Somos posesivos y celosos. Es "mi" casa, "mi" mujer. Nuestro amor no es desinteresado.

Tenemos necesidad de tener seguridad, porque este amor todavía está fuertemente impregnado de la coloración del Chakra Solar. Evidentemente, quedamos decepcionados si no recibimos nada a cambio; nos sentimos rechazados y abandonados.

Puede suceder que seamos incapaces de aceptar el amor y la ternura. La expresión de estos sentimientos en nuestro lugar nos avergüenza.

Igualmente puede suceder que estemos convencidos de no tener la necesidad del amor del prójimo.

LA DISFUNCIÓN DEL CHAKRA CARDIACO

Una disfunción del Chakra Cardiaco nos hace muy vulnerables.

Dependemos del amor y del afecto de los demás y si no nos sentimos amados, no existimos.

También podemos ser fríos, indiferentes, manifestar cierta sequedad del corazón, no tener "corazón". Estamos desequilibrados y tristes y pasamos por estados depresivos.

VI – GLÁNDULA ENDOCRINA ASOCIADA
AL CHAKRA CARDIACO: EL TIMO

El timo es una glándula que fue prácticamente ignorada hasta los años sesenta. Ahora sabemos que es el "director de orquesta" del sistema inmunológico.

Cuando surge una situación de estrés, de conflicto, de herida o de infección, ésta genera una hormona que todavía no ha llamado la atención, pero que podría ser el mismo agente que se descubrió en ciertas células linfoides.

El timo es un factor de primer orden en las reacciones inmunológicas, porque programa las células llamadas linfocitos-T.

Hoy en día conocemos algunas funciones diferentes del timo. Actúa en el fenómeno del crecimiento así como en la acción muscular y dirige la circulación de la linfa en el cuerpo. Regula la circulación de la energía y proporciona las modificaciones necesarias para superar los desequilibrios.

Se puede decir que esta glándula sirve de enlace entre el cuerpo y el espíritu. Ciertos problemas afectivos serios (deceso, divorcio, separación) muchas veces están asociados a perturbaciones graves inmunológicas y tímicas.

El timo segrega especialmente una hormona llamada "Factor Humoral Tímico", que restablece la inmunidad celular matando las células cancerosas. El problema se presenta con agudeza en la hora actual, porque el sida es un desajuste del sistema inmunológico. Sin embargo, pudimos constatar que ciertos enfermos seropositivos no contraían el sida. Por ello, se le debe dar una atención muy especial a la investigación científica que se cierne en este problema.

VII – ASPECTOS FÍSICOS ASOCIADOS AL FUNCIONAMIENTO DEL CHAKRA CARDIACO

Una disfunción del Chakra Cardiaco causa los siguientes problemas:

– infecciones de la garganta (anginas) o gripe
– agotamiento
– angina de pecho
– infartos
– problemas coronarios

- bronquitis
- bronquitis crónica
- asma
- aponeurosis
- epilepsia
- depresión
- dolores diafragmáticos
- cáncer en la piel y en el hígado
- cáncer en el seno
- sida
- todas las debilidades del sistema inmunológico

VII – ÁNGEL ASOCIADO AL CHAKRA CARDIACO: NANAEL
"Dios que rebaja a los orgullosos"

La función principal de esta categoría de ángeles llamada Elohim es de sensibilizar al ser humano al amor, al estetismo y a la belleza.

La energía y el poder del Ángel Nanael hace que nazca un amor caracterizado por la irradiación y el entusiasmo. Entonces el hombre se convierte literalmente en un "portador de la Luz". Llega a amar la vida y a causa de este amor resplandeciente, se hace amar.

La Tradición nos dice que el Ángel Nanael lucha contra toda la tendencia a conservar este amor por sí mismo y a buscar exclusivamente su propio placer en su relación con los demás.

El Ángel Nanael nos ayuda a aceptarnos y a amarnos a nosotros mismos. La persona que haya desarrollado completamente el potencial de su Chakra Cardiaco pondrá las energías de su alma a disposición de los demás y les servirá con el más profundo desinterés.

La esencia del Ángel Nanael se llama "Comunicación Espiritual". Este Ángel Nanael nos coloca ante una escalera que tenemos que subir para ir de la Tierra al Cielo. Dirige nuestros sentidos hacia la Luz, que hace comprender todo y que da todo. Nos da el impulso necesario para entrar en "comunicación espiritual", con la condición de pedirlo. La Ley dice: "Darle al que pide".

IX – *MUDRA* ASOCIADO AL CHAKRA CARDIACO

Este *mudra* estimula la energía vital y el cerebro; sana los problemas nerviosos, aumenta la inteligencia y abre los horizontes espirituales cuando el Chakra Cardiaco se activa.

Se efectúa uniendo el pulgar y el índice.

Existe una variante para combatir el reumatismo y la artrosis. Se efectúa colocando la punta del índice doblada sobre la raíz del pulgar y dejando descansar el pulgar sobre el índice.

X – MEDITACIÓN EN EL SONIDO ASOCIADO AL CHAKRA CARDIACO

Siéntense cómodamente, la espalda recta, los hombros sueltos...

Coloquen las manos sobre sus piernas, las palmas dirigidas hacia el Cielo...

Los pies bien planos en el suelo...

Cierren los ojos...

...

Ahora van a dirigir su atención a su respiración...

Simplemente percíbanla…

Obsérvenla…

No pretendan controlarla…

Simplemente obsérvenla como es…

…

Ahora van a dirigir suavemente su atención a las hendiduras de las palmas de sus manos…

Simplemente contémplenlas…

Percíbanlas…

Quizás sientan un hormigueo, una picazón, siéntanlos simplemente…

…

Ahora van a dirigir suavemente su atención a las hendiduras de las plantas de los pies…

Simplemente obsérvenlas…

Percíbanlas…

…

Quizás sientan movimientos de la energía…

Acéptenlos…

…

Ahora van a llamar a su Compañero de la Luz…

Le piden que baje su frecuencia vibratoria para entrar en contacto con ustedes…

Simplemente elevan su agradecimiento hacia él…

Le piden que les ayude en este trabajo…

...

Ahora van a colocar suavemente sus manos frente a su pecho, una frente a la otra, como si tuvieran una esfera, una esfera de cristal...

Separen y acerquen sus manos, hasta que sientan cierta densidad y cierto calor...

Y ahí, entre sus manos, en el lugar de esta esfera de Luz, visualizan una esfera de Luz, verde...

Un verde brillante, muy luminoso...

Ahora hacen que entre esta esfera en su corazón...

...

Sienten su fuerza de amor...

Ahora escuchan el latido de esta fuerza de amor en su corazón...

Escuchan ahora los latidos de su corazón...

Permanezcan unos instantes concentrados en los latidos de su corazón...

Mantengan su mente atenta a este sonido, sin dejar que los distraiga una fuente exterior...

...

Ahora van a dirigir suavemente su atención a un punto situado entre sus cejas, ligeramente detrás de su frente...

Y ahí, van a visualizar una estrella de seis puntas, el Sello de Salomón...

La Estrella de seis puntas, el arquetipo del Hombre, símbolo de las energías universales reunidas en una magnífica Creación, ustedes mismos...

...

Mantengan esta imagen durante unos instantes...

…

Ahora, todavía visualizando el Sello de Salomón, pronuncian interiormente, con la nota musical *fa*, la palabra YAM…

> Lo pronuncian varias veces, todo el tiempo que dure su exhalación, sin forzar su exhalación…

> Hacen siete exhalaciones, pronunciando varias veces la palabra YAM…

> …

Se dejan llevar unos instantes por esta energía…

> …

Le agradecen a su Compañero de Luz la ayuda que les brindó …

> Ahora regresan suavemente de este viaje…

> Se estiran…

> Abren los ojos…

> Están AQUÍ…

> Aquí y Ahora.

XI – MEDITACIÓN CON EL COLOR ASOCIADO AL CHAKRA CARDIACO

Siéntense cómodamente, la espalda recta, los hombros sueltos…

> Coloquen sus manos sobre sus piernas, las palmas dirigidas hacia el Cielo…

> Los pies bien planos en el suelo…

> Cierren los ojos…

> …

Ahora van a dirigir su atención a su respiración…

> Simplemente percíbanla…

> Obsérvenla…

No pretendan controlarla...

Obsérvenla simplemente como es...

...

Ahora van a dirigir suavemente su atención a las hendiduras de las palmas de sus manos...

Obsérvenlas simplemente...

Percíbanlas...

Quizás sientan un hormigueo, una picazón, siéntanlos simplemente...

...

Ahora van a dirigir suavemente su atención a las hendiduras de las plantas de sus pies...

Obsérvenlas simplemente...

Percíbanlas...

...

Quizás sientan movimientos de la energía...

Acéptenlos...

...

Ahora van a llamar a su Compañero de la Luz...

Le piden que baje su frecuencia vibratoria para entrar en contacto con ustedes...

Simplemente eleven su agradecimiento hacia él...

Le piden que los ayude en este trabajo...

...

Ahora dirijan suavemente su atención a un sitio localizado a unos centímetros al frente de su pecho...

Imaginen una pequeña esfera verde...

Con un hermoso verde brillante, muy luminoso...

Es el símbolo del Chakra Cardiaco...

...

Sientan su presencia...

Visualicen este color verde...

...

Imaginen ahora que esta esfera verde empieza a girar sobre sí misma...

Gira sobre sí misma cada vez más rápido...

Gira...

Gira y empieza a difundir una luz verde...

Esta luz verde cada vez se hace más grande...

...

Se vuelve cada vez más vasta y comienza a difundirse en el espacio alrededor de ustedes...

Se expande cada vez más en el espacio...

Ahora abarca todo el espacio...

...

Teniendo siempre presente el espíritu de esta esfera verde, visualicen decenas, centenas, miles, millones, billones de esferas verdes...

Todas están alrededor de la Tierra...

Son todos los Chakras Cardiacos de los seres vivos...

...

Siéntanlas...

Ahora pueden entrar en relación con todas estas esferas verdes...

Se reúnen ahora en una gigantesca luz verde que se expande hasta el infinito...

La Tierra está dentro de esta esfera verde...

La Luna está dentro de esta esfera verde...

Las Estrellas están dentro de esta esfera verde...

Las Galaxias están dentro de esta esfera verde...

Todos ustedes están unidos por estos Chakras del Corazón...

Dejen que se difunda esta luz verde...

...

La Tierra es el Chakra Cardiaco del sistema solar.

Por la Tierra se difunde el Amor Cósmico en el Universo.

...

Imaginen que esta luz verde de su Chakra Cardiaco une todos los Chakras Cardiacos de los seres de la Tierra...

Dejen que esta energía se difunda sin límites...

...

Que la Paz, el Amor y la Luz estén en su corazón, estén en su cabeza, estén en su cuerpo...

...

Que la Luz, el Amor y la Paz estén con ustedes y que ustedes sean también esta Luz, este Amor y esta Paz, siempre difundiéndose cada vez más...

...

Porque desde toda la eternidad, siempre han sido la encarnación perfecta del Amor, del cual cada vez están más conscientes por el trabajo en ustedes mismos...

…

El invisible está con ustedes…

…

Simplemente reciban este amor que es digno de ustedes y que todos sin excepción merecen, como hijos del Universo, como hijos del Gran Pensamiento Universal e Ilimitado, Fuente y Origen de todo lo que es…

…

Ahora van a regresar suavemente de este viaje…

Pueden agradecerle a su Compañero de Luz por la ayuda que les brindó.

Van a, cuando lo deseen, abrir suavemente los ojos…

Se estiran…

Están AQUÍ…

Aquí y Ahora.

Capítulo XII

El Chakra de la Garganta
*CÓMO ESTABLECER COMUNICACIÓN CON
LAS ENERGÍAS DE LA LUZ Y LOS REGISTROS
AKÁSHICOS; CÓMO DESARROLLAR SU CREATIVIDAD*

I – DEFINICIÓN Y FUNCIONES

Chakra *Vishuddha*

Palabra de poder: *"Yo soy la verdad"*. (Juan 14:16)

"Él purificó su corazón por la fe". (Jeremías 15:9)

Vi, significa en sánscrito "más allá de toda comparación, de todo análisis, de toda discriminación, más allá de lo creado"; *Shuddha* significa "purificado".

El Chakra de la Garganta es el símbolo de la pureza y de la purificación. La palabra maestra de este Chakra es COMUNICA-CIÓN. Con él vamos a comprender esta frase de la Biblia: *"El Verbo se hizo carne"*.

Debemos comprender, en el cuadro de nuestro camino iniciático, que el Chakra de la Garganta es el instrumento de comunicación de nuestro cuerpo físico y sobre todo de nuestro cerebro, con todos los planos sutiles. Efectivamente, por la acción del Chakra de la Garganta sobreviene la comprensión de los planos de Luz y la po-

189

sibilidad de entrar en comunicación con ellos. La energía del Chakra de la Garganta nos permite cruzar otra Puerta.

Hemos visto que con el Chakra Cardiaco, cambiaba la polaridad de nuestro amor. Entonces nos desviamos del amor de nosotros mismos que caracterizaba la energía de los tres primeros Chakras (el Yo) para entrar en el amor al Otro y el Amor de nuestro Ser, en su dimensión divina el TU.

Con el Chakra de la Garganta, nuestra vibración de amor sigue elevándose y afinándose. Comprendemos poco a poco nuestra dimensión divina. No de una manera intelectual, sino en el plano celular, en nuestra carne, esta vibración divina animando la más mínima de nuestras células.

El Chakra de la Garganta nos permite comprometernos en el camino que nos lleva hacia el nacimiento del Ser Divino en nosotros.

EL CHAKRA DE LA GARGANTA Y EL ÉTER

El Chakra de la Garganta está asociado al quinto elemento, el Éter. Sabemos poco sobre este elemento, porque entonces dejamos lo tangible de los cuatro primeros elementos por lo intangible.

Sin embargo, es fácil hacerse una idea del Éter, ya que la Tradición nos indica que éste contiene los cuatro elementos. Por lo tanto no nos queda más que reunir todo lo que sabemos de los cuatro elementos y agregar una idea suplementaria.

Procedamos siempre por la analogía.

El Éter, es en cierto modo como el cuerpo etérico; constituye la armazón pero no del cuerpo físico, como es el caso para el cuerpo etérico, sino de los otros cuatro elementos. Además de las características de estos cuatro elementos, tiene una facultad suplementaria: la de abastecer la energía para permitir que los cuatro elementos existan. Esto nos lleva a una primera comprobación: el Chakra de la Garganta nos hace cambiar de plano.

Ya no estamos en el plano físico, a partir del cual podemos "tocar" los cuatro elementos. Nos encontramos en otra frecuencia vibratoria, menos tangible, donde podemos percibir lo que es la Esencia de estos elementos.

Gracias al Éter, vamos a poder comprender los mecanismos que rigen el Mundo y la manera en que estas energías son articuladas entre sí. En una palabra, vamos a entrar a una dimensión holística de lo "Creado". Entramos en comunicación con Dios, en sus innumerables aspectos. De hecho, empezamos a tocar con el dedo (nuestro dedo de Luz) la Omnisciencia, la Omnipotencia y la Omnipresencia de Dios. Por ello pasamos a otro nivel de percepción, a otro nivel de comunicación.

Sigamos con nuestra analogía. Como el Éter contiene los otros cuatro elementos, nos permite descubrir "los planos detrás de los planos" y de entrar en comunicación con lo que llamamos, en la Nueva Era, las "energías de la Luz".

Llevando la analogía un poco más lejos y quizás hasta exagerando un poco, también podemos decir que el Éter contiene "Todo lo que es", ya que todo lo que es "tangible" está contenido en los cuatro primeros elementos. Es decir que el Éter, en un nivel vibratorio más denso, es DIOS.

Aquí podemos hacer una comparación con la acción del Maestro Cósmico El Morya, que está asociado al Chakra de la Garganta. El Maestro El Morya es el Maestro Cósmico que recoge las Ideas de Dios en el Espíritu de Dios, que luego condensa esta vibración del Espíritu de Dios en los planos sutiles y que transmite finalmente la Voluntad de Dios, en el plano material.

Estas diferentes analogías con seguridad los han hecho comprender que el Chakra de la Garganta nos hace cambiar realmente de nivel vibratorio y de mundo vibratorio.

Por lo tanto, el Chakra de la Garganta es una Llave, la LLAVE del Paso en los planos sutiles. Con el Chakra de la Garganta, los cinco elementos son transmutados en su manifestación más pura, en su quintaesencia y sólo las energías sutiles perduran. De hecho, se puede decir que el Chakra de la Garganta abarca la Conciencia Cósmica y permite entrar en comunicación con ella.

EL CHAKRA DE LA GARGANTA Y EL PLANO CAUSAL

El Chakra de la Garganta nos permite entrar en comunicación con el plano causal, en el cual están inscritas las causas que determinan los efectos.

El plano causal es el plano que determina lo que la Tradición llama el karma. Al armonizar nuestro Chakra de la Garganta, podemos conocer nuestro karma, por lo tanto las "causas" de nuestra encarnación y volver a equilibrar éste conscientemente.

El hecho de tener acceso, conscientemente, al "plano de las causas" nos ayuda a comprender las leyes "energéticas" que rigen el mundo y manejar estas energías. Es el aprendizaje de la Magia Blanca.

De todos modos recordemos que este "pasaje" no puede efectuarse más que después de la conscientización de la energía del Chakra Cardiaco. Por consiguiente, sólo el Amor puede darnos la llave que nos abrirá la entrada al plano de las causas.

EL CHAKRA DE LA GARGANTA Y LA PERCEPCIÓN SENSORIAL

El Chakra de la Garganta está asociado con los cinco sentidos. Es el que nos da la percepción sensorial de la energía vibratoria circulante en los mundos físico y sutil; al mismo tiempo nos hace darnos cuenta de los cambios que se efectúan en los niveles vibratorios circundantes. Por otra parte, el trabajo en el Chakra de la Garganta nos permite alcanzar una nueva dimensión al utilizar nuestros sentidos, haciéndonos ver los detalles que no veíamos antes. Sonidos, no percibidos hasta entonces, van a atraer nuestra atención y vamos a advertir olores cuya sutileza no habíamos descubierto.

El Chakra *Vishuddha* es un Profesor Cósmico. Todos los elementos están presentes en él y el plano terrestre puede comprenderse a través de él. En contacto con él, una parte del Conocimiento Eterno se capta en cada elemento y al meditar en él, el ser se eleva y se libera de todos sus karmas. Morimos al pasado y renacemos en la realización con la unidad de la Divinidad.

Entonces vamos a estudiar los factores de bloqueo y de desarrollo asociados a la armonización del Chakra de la Garganta, dicho de otro modo nuestras posibilidades para entrar en comunicación con los planos superiores. Entonces constataremos el factor dominante de la falta de comunicación con uno mismo y, evidentemente, por efecto de resonancia, la falta de comunicación con los Otros.

EL CHAKRA DE LA GARGANTA
Y EL PODER DEL VERBO

Para entrar en la problemática del Chakra de la Garganta, nos haremos las siguientes preguntas:

- ¿Escuchamos los mensajes de nuestro Ser Interno?
- ¿Somos capaces de expresar nuestras intuiciones?
- ¿Cómo nos permite el lenguaje y la conversación, por el poder del verbo, entrar en comunicación con el Otro y compartir con él?

El despertar del Chakra Cardiaco no permitió percibir una energía de amor latente en nosotros, la Energía Crística. Volvimos a tener contacto con nuestro "Cristo Interno". Pero este amor es abstracto. Permanece como una idea, un concepto.

Por la conscientización de la energía del Chakra de la Garganta, hacemos que suba esta fuerza en nosotros; el Chakra de la Garganta le da cuerpo y le permite expresarse.

La fuerza del amor debe encarnarse por el poder del verbo.

Si no hacemos que pase la fuerza del amor por el poder del Verbo, no se materializará. Todos hemos sentido la diferencia energética que se establece entre un hombre y una mujer cuando se dicen por primera vez: "Te amo".

Podemos tomar otro ejemplo. Tenemos un proyecto de trabajo. Después de madurarlo en nuestro espíritu, sentimos la necesidad de platicarlo a un amigo o a un familiar. Entonces sentimos que este proyecto toma cuerpo, que se vuelve más concreto. Es esta, la acción de materialización del Chakra de la Garganta.

Lo que sucede, es que cambiamos del tipo de experiencia de la conciencia. Los tres primeros Chakras representaban la experiencia del desarrollo de la Personalidad. En ese momento nos preguntábamos cuáles eran nuestras tareas y nuestras responsabilidades hacia nosotros mismos. Los Chakras Cardiaco, de la Garganta y Frontal nos hacen experimentar el desarrollo de la Conciencia.

Entonces nos hacemos la pregunta: ¿cuáles son nuestras tareas y nuestras responsabilidades hacia los Demás?

Es la etapa que le corresponde, en nuestro desarrollo espiritual, al paso de la Segunda Iniciación. El paso de la Tercera Iniciación se realizará más adelante, cuando se conscientiza la energía del Chakra Coronario. Entonces se hará la siguiente pregunta: ¿cuáles son nuestras tareas y nuestras responsabilidades hacia Dios?

EL CHAKRA DE LA GARGANTA Y EL CUERPO DE LUZ

La Conciencia Divina se introduce en nosotros por el Chakra de la Garganta. El Verbo se hizo Carne. El Verbo se encarna. Por el Verbo y la energía del Chakra de la Garganta, vamos a construir "el Cuerpo del Alma" o el "Cuerpo de Luz".

El "Cuerpo del Alma" es una creación y una encarnación del principio del amor. Es un vehículo de Luz que nos debe servir después de la muerte física y en el momento de la resurrección y de la reencarnación. Nos permite hacer nuestro viaje de desencarnación y de reencarnación conscientes, es decir con el recuerdo. Nos sirve de vehículo, de "nuevo cuerpo", un cuerpo inalterable e incorruptible que nos permite seguir nuestra evolución.

Este "Cuerpo de Luz" que las Energías de Luz le piden a la humanidad que construyan ahora, con el fin de que el ciclo de encarnaciones se haga conscientemente y que estemos en condiciones de volver a equilibrar todo nuestro karma y de que ya no nos creemos karmas nuevos. Pero este "Cuerpo de Luz" desde ahora puede servirnos en nuestra materialidad, permitiendo un trabajo "fuera del cuerpo" de servicio a la humanidad.

Este "Cuerpo del Alma" se construye de una sola manera, por las obras de servicio desinteresado, por actos de amor incondicional. Ahora comprenden porqué todas las grandes enseñanzas predican el amor incondicional.

El desarrollo de la energía del Chakra de la Garganta le corresponde al trabajo de construcción del "Cuerpo del Alma". Es el que nos permite entrar en comunicación con las Energías de Luz. El Chakra de la Garganta marca de hecho el principio de un verdadero desarrollo psíquico del hombre. Ya no nos encontramos en el psiquismo primario del Chakra Solar, sino en una vibración superior que nos permite evitar las trampas y las ilusiones del astral. (En el siguiente capítulo veremos que el desarrollo del Chakra Frontal permite la separación del Cuerpo del Alma con el cuerpo físico.)

De hecho, las Energías de Luz nos piden que pasemos, por medio del trabajo en el Chakra de la Garganta, de un cuerpo corruptible a un cuerpo incorruptible. Después del Paso de la Primera Iniciación, nos dirigimos hacia el Otro para establecer con él una relación justa, una relación basada en el amor y la transparencia. La Nota Clave del Chakra Cardiaco es que no hay amor más grande que el de dar su vida por sus amigos. Adquirimos la posibilidad de morir por el Otro, de aniquilarnos para unirnos al Otro. Esto no será posible más que por la destrucción de nuestra alteración, de nuestra dualidad. Debe haber una transformación de la Personalidad para que se vuelva transparente y no siga siendo un obstáculo para la comunicación. Morir para unirse. Morir a nuestras limitaciones. Morir a nuestra forma para descubrir algo más vasta. Abandonarse a sí mismo para unirse al Otro.

El amor es un "fuera de sí". Es el "alma fuera" (la muerte).

EL CHAKRA DE LA GARGANTA Y EL PODER DE MATERIALIZACIÓN DEL VERBO

Cuando estamos ubicados en la energía del Chakra Cardiaco, amamos al Otro, pero sin decírselo. Mientras no hayamos expresado esta energía, no podemos materializarla. Por eso "el Verbo se hizo Carne". El poder de la materialización está en el Verbo. Si no expresamos nuestro amor, se queda en el limbo. No es más que una idea, un concepto.

De hecho, el poder del Verbo es la fuente de la Magia. Es el poder para materializar las energías, es decir hacerlas tangibles.

El Chakra de la Garganta es un centro creador. Está unido al Chakra Sacro, que es el centro de creación, pero en un plano vibratorio más bajo.

Las energías de los dos Chakras están entonces profundamente unidas, porque existe un lazo entre ellas. El bloqueo de las energías del Chakra de la Garganta muchas veces encuentra su fuente en el bloqueo del Chakra Sacro. Entonces les aconsejaría, en esta etapa de nuestro estudio, que vuelvan a leer el capítulo dedicado al Chakra Sacro, teniendo presente los principales factores asociados con este Chakra: alimentación, comprensión y gestión de la energía sexual, relación con la Madre, etc.

Como lo explicamos en la introducción, sería ilusorio querer emprender un trabajo en los Chakras, llamados "superiores" sin haber trabajado previamente en los Chakras llamados "inferiores". No hay más que observar una estrecha interrelación que existe entre el Chakra de la Garganta y el Chakra Sacro para darse cuenta de la veracidad de esta afirmación.

Para conocer el estado de nuestro Chakra de la Garganta, nos basta constatar el estado de nuestra relación verbal con el Otro.

Un buen medio para descubrirlo es haciendo un balance del estado energético del Chakra de la Garganta haciéndonos las siguientes preguntas:

- Padre, ¿hablas con tu hijo?
- Hijo, ¿hablas con tu padre?
- Madre, ¿hablas con tu hija?
- Hija, ¿hablas con tu madre?
- Hombre, ¿hablas con tu compañera?
- Mujer, ¿hablas con tu compañero?

Por "hablar", hay que entender aquí "expresar" las cosas que nos conmueven profundamente y no discutir de la lluvia y del buen tiempo. Todas estas preguntas son sencillas, pero muchas veces es sumamente difícil responderlas. ¿Por qué? Porque nuestros Chakras recibieron una programación construida por nuestras vidas pasadas, por nuestra educación y por los sucesos de nuestra vida actual. Por ello hay una especie de inercia del Chakra. Los Chakras se encuentran en cierta frecuencia vibratoria y su programación constituye nuestra Personalidad.

Algunas veces es difícil modificar esta frecuencia vibratoria, pero podemos hacerlo por un aprendizaje del lenguaje. Como un niño que aprende a hablar.

En las escuelas esotéricas, se le confiere una gran importancia a la palabra. Annie Besant, alumna de H.P. Blavatsky, escribió en su libro *La Lumière sur le Sentier*[1]: "Antes de que la Voz pueda hablar en presencia de los Maestros, debe haber perdido el poder para herir".

Tenemos que aprender a expresar solamente lo que es más sublime en la Personalidad: el Amor del Chakra Cardiaco, para que la palabra pronunciada pueda manifestar esta Luz, que pueda iluminar al Otro y despertar el mismo amor en el Otro. Por el Verbo, creamos una energía que ponemos a circular y que va a perdurar. Quizás podemos captar, en este estado, la importancia de la palabra, ya que las palabras, una vez creadas, van a vivir y a desplazarse en el Universo. Es decir que cada vez que se exprese una palabra, viajará hasta los confines del Universo y habrá una incidencia en su vida.

En el antiguo Egipto, los sacerdotes eran elegidos por la precisión de su voz. Eran llamados los "Christus", los "Arquitectos con la Voz Precisa" y se convertían en Magos, es decir en hombres capaces de manejar a los elementos.

Pero aprender a hablar, también es aprender a callar. Aprender a vivir ciertos silencios. Ser capaz de tener silencio, un mutismo que también tiene un efecto. Si queremos ser capaces de llevar la palabra, debemos poder hacer sentir el poder del silencio.

---

[1] La Luz en el Sendero.

En este aprendizaje de la conversación sucede todo. Aprender a hablar, es volver a encontrar al niño que está en nosotros. Es constatar con asombro que pasa cualquier cosa, que cualquier cosa empieza a instalarse, que las fuerzas empiezan a encarnarse.

Por el lenguaje aprendemos:

– a hacer concreta una fuerza interior
– a dominar lo que realmente somos.

EL CHAKRA DE LA GARGANTA Y EL "VERBO INTERIOR"

Aquí abordamos un segundo aspecto del Chakra de la Garganta. Vimos que la primera gran virtud propuesta para el Chakra de la Garganta consistía en aprender a decirle alguna cosa al Otro. La segunda gran virtud consiste en aprender a hablar con uno mismo, a exteriorizar lo que llevamos en nosotros.

Aquí conviene recordar la profunda interacción que existe entre el Chakra Sacro y el Chakra de la Garganta. Si no estamos centrados, si nuestro Chakra Sacro no está en armonía, tenemos grandes dificultades para entrar en comunicación con nuestro ser interno, con nuestra identidad profunda. Entonces tenemos mucho problema para expresar por el Chakra de la Garganta nuestras motivaciones profundas y nuestros deseos. Al no poder exteriorizarlos, no podremos concretizarlos, materializarlos. Es por eso que la segunda gran virtud del Chakra de la Garganta nos enseña a decir lo que vivimos interiormente. Reconocer lo que somos, reconocer lo que pensamos, lo que vivimos. Y expresarlo, hablarlo, para llegar a transformarlo progresivamente por un trabajo preciso sobre su contenido.

Por lo tanto hay que aprender a formular lo que se encuentra en nuestro interior. Para hacerlo, vamos a colocarnos en intervalos regulares frente a un espejo y a decirnos en voz alta lo que está en nosotros. Si no podemos expresarlo, no podemos transformarlo.

Por otra parte conocemos instintivamente esta forma de funcionamiento, pero según el funcionamiento inverso, cuando sentimos que el mejor medio para convencerse que una cosa no existe, es no hablar. Pero la energía existe y en vez de materializarse y transformarse, nos destruye interiormente. Lo que no se dice puede entonces provocar enfermedades graves: úlceras, cáncer, enfermedades cardiacas.

También por la activación del Chakra de la Garganta al nivel de la humanidad aparecen ciertos problemas relacionados a las minorías, a la marginalidad. La expresión de los derechos de los marginados y de las minorías actualmente se vive en una escala planetaria. Las minorías tienen cada vez más poder para expresarse, lo que lleva a la luz del día de problemas seculares.

Podemos esperar ver que aparece cada vez más frecuentemente este tipo de situación en los años que vienen. Así se Iluminarán las palabras seculares que algunas veces no se han dicho.

Sin embargo, no se deberá enloquecer, porque este resurgimiento en todas partes del mundo de problemas de este tipo, algunas veces violento, no será más que la manifestación necesaria de una descristalización de los antiguos sucesos provocado por la incorporación de la humanidad a la energía del Chakra de la Garganta.

Entonces tenemos que comprender que muchos problemas surgen, que muchas experiencias o estados están más o menos comprendidos, están conectados a este despertar del Chakra de la Garganta.

EL CHAKRA DE LA GARGANTA
Y SU PREPROGRAMACIÓN

Existe un último aspecto del Chakra de la Garganta, muchas veces mal percibido, que no se menciona en las enseñanzas tradicionales.

Como el Chakra de la Garganta está asociado al Éter, el cual contiene los cuatro elementos, una jornada enfocada a su armonización debe tener en cuenta nuestra polaridad cuádruple: la polaridad materia-espíritu y la polaridad masculina-femenina. Lo que nos lleva una vez más al Chakra Cardiaco y nos muestra la importancia del Paso de la Primera Iniciación destinada a crear un punto de equilibrio entre las cuatro polaridades.

Esto significa que sin esta armonización de los polos Masculino y Femenino en nosotros y sin esta comprensión y esta integración del sentido profundo de nuestra encarnación a través del Espíritu y de la Materia, será engañoso entrar en comunicación con los Planos de Luz.

Esto explica la gran dificultad del hombre para armonizar el Chakra de la Garganta, en comparación con la mujer, que llega a comunicarse más fácilmente con las energías sutiles. Para convencerse, no hay más que ver la disparidad de la llegada de hombres–mujeres en las conferencias de índole espiritual o en los talleres de desarrollo personal.

¿Por qué? Porque al hombre, por su contexto socio-educativo, casi siempre se le ha inducido a negar la polaridad femenina que está en él. Todos escuchamos cuando éramos niños: "Un niño no llora. Eres muy grande para sentarte en mis piernas. Etcétera."

Este contexto socio-educativo condujo a una negación de la feminidad en el hombre, ubicándolo en el Chakra Solar, que lo ha colocado en una posición de transmisor y no de receptor.

Es fácil ver con este ejemplo, cuáles son las causas de las rupturas de comunicación de nuestras energías, ocasionando una dificultad para percibir las Energías de Luz. Mientras la humanidad no haya reestablecido el equilibrio entre la polaridad masculina y femenina no se podrá hacer de una manera natural esta comunicación.

Cuando una persona haya desarrollado las características energéticas del Chakra de la Garganta tendrá la posibilidad de hacer poesía, de interpretar las escrituras y los sueños. Esta persona será igualmente capaz de transmitir una enseñanza espiritual. Será calmada, serena y pura, con una voz melodiosa.

Habrá encontrado el conocimiento real, más allá de los límites del tiempo, de los condicionamientos socioculturales y de la herencia.

EL CHAKRA DE LA GARGANTA Y EL *CHANNELING*

El *channeling*, una expresión utilizada en la Nueva Era para describir la acción de la "canalización" efectuada por las Energías de Luz, está unida a la acción del Chakra de la Garganta.

Primero vamos a definir lo que es la "canalización".

Primeramente, la "canalización" se manifiesta por la recepción de impulsos, de ideas, de motivaciones y de decisiones que son la expresión de nuestro Yo Superior, de nuestra Alma o de las Energías de Luz utilizando nuestra mente y nuestro cuerpo físico para transmitir informaciones o energías destinadas a la ayuda de la humanidad en su evolución.

Luego, el proceso que empezó de una manera relativamente inconsciente se vuelve más consciente. En esta etapa, se materializa el contacto con nuestros "guías" en el plano mental. Se establece entonces un diálogo entre nuestros "guías de la Luz" y nosotros mismos, lo que nos da instrucciones suplementarias para acelerar nuestra evolución espiritual y ayudar a la humanidad.

La tercera fase, de lejos la más espectacular, también es la más conocida. Rara vez la encontramos, porque hay mucha fantasía entre las personas que se dicen "*channels*". En esta fase, un Ser de Luz utiliza el "canal" para transmitir, por la palabra o por la escritura, una enseñanza espiritual destinada a un número mayor.

Lo que es importante comprender en este mecanismo, es que puede funcionar de acuerdo con una infinidad de gradaciones.

El simple hecho de entrar en comunicación con el plano causal hace de nosotros un "canal". Pero se tiene que haber hecho previamente un trabajo de armonización del Chakra de la Garganta, según el proceso que fue detallado en la obra actual. Al convertirse en un "canal", las Energías de Luz podrán verterse en nosotros y en nuestro entorno para activarnos.

Es el motivo por el cual hice esta advertencia con respecto al mecanismo de "mediumnidad instintiva" activada por el Chakra Solar. Las comunicaciones establecidas a través de la acción del Chakra de la Garganta forzosamente son "comunicaciones de Luz". Simplemente porque entonces estamos "conectados" al plano causal.

Después de haber vuelto a equilibrar los tres primeros Chakras, hicimos el paso del Chakra Cardiaco, desarrollando en nosotros la acción del amor incondicional y finalmente llegamos al inicio de una comunicación consciente con los planos de Luz.

Entonces el ego está muy lejos de este mecanismo. Y no nos dejemos engañar: si el ego vuelve a hacer su aparición en este proceso, la comunicación cesaría instantáneamente, ya que nuestra frecuencia vibratoria bajaría a la del Chakra Solar. Por ello habría una interrupción en la "comunicación" por la falta de correspondencia en las frecuencias vibratorias.

CUALIDADES Y DEFECTOS ASOCIADOS
AL CHAKRA DE LA GARGANTA

Las cualidades asociadas al funcionamiento del Chakra de la Garganta son:

- sinceridad
- paciencia
- prudencia
- calma
- confianza
- apertura del espíritu
- expresión del Sí mismo en las cosas banales de la existencia.

El Chakra de la Garganta nos enseña a aceptar que cada uno tiene su verdad, que cada uno tiene su razón, su razón, pero únicamente en la medida en que la expresa y que es capaz de asumir las consecuencias.

Los defectos asociados a la disfunción del Chakra de la Garganta son:

- orgullo intelectual o espiritual
- tomarse en serio
- intervencionismo
- frialdad
- rechazo a la comunicación
- inhibición
- crítica
- terquedad

Las cualidades por adquirir son:

- simpatía
- fuerza de comunicación
- tolerancia
- aceptación del Otro
- respeto al Otro en lo que es.

II – ELEMENTO CORRESPONDIENTE AL CHAKRA DE LA GARGANTA: EL ÉTER

De los cinco elementos, el Éter es el más sutil. Es una substancia que llena y penetra todo el universo y que es el apoyo particular de la vida y del sonido. Lo llamamos *akasha*.

Sin embargo, por estar desprovisto de toda substancia tangible, es la condición indispensable de toda creación o de toda materialización corporal. Es el receptáculo de toda la materia manifestándose bajo la forma de los cuatro elementos. Es el vacío que excluye toda mezcla con elementos materiales. Es lo Esencial, la Quintaesencia de todas las cosas. Es inmutable, eterno y no se presta a ninguna descripción.

También es la memoria de la humanidad.

III – NÚMERO ASOCIADO AL CHAKRA DE LA GARGANTA: EL 3

El Número 3 es universalmente el número fundamental. Está simbolizado por el triángulo equilátero, con la punta hacia arriba e igualmente por el AUM. Por el Número 3 comienza la expresión. *Ex*-presión: presión hacia el exterior.

El Número 3 es el equilibrio del 1 y del 2. Es la unidad del Espíritu, el número del Espíritu. También es el número del Espíritu creador, de la comunicación, de la amistad, el número del andrógino, de la unidad recuperada.

Montaigne decía: "La amistad, es el amor sin la dualidad".

El Número 3 es el número del sonido, de la música. Es la representación de Todo lo que existe.

PALABRAS CLAVE ASOCIADAS AL NÚMERO 3

Expresión, Comunicación;
Arte;
Niños, jugar en el jardín;
Palabra, Movimiento;
Ángel, Andrógino;
Exteriorización;
Impulso, Creadora;
Agradable, Alegría;
Vida Social;
Camaradas.

IV – COLOR CORRESPONDIENTE AL CHAKRA DE LA GARGANTA: EL AZUL

El azul es el camino del infinito, donde lo real se transforma en imaginario. El pensamiento consciente gradualmente da paso al inconsciente igual que la luz del día se transforma imperceptiblemente en la luz de la noche, azul de la noche.

En el dominio de la irrealidad, el azul resuelve en sí mismo todas las contradicciones, todas las alternancias. Indiferente a cualquier otra parte más que a sí mismo, el azul no es de este mundo. Indica una idea de eternidad.

Los Egipcios lo consideraban como el color de la verdad. El azul celeste es el umbral que separa al hombre de su destino. El azul es el color mariano; expresa el desapego y el vuelo del alma liberado hacia Dios. En el Budismo Tibetano, el azul es el color del *Vairocana* de la Sabiduría trascendental, de la potencialidad pero también de la vacuidad.

El azul es el color del Yang. Simboliza el fluido universal, o Éter, o Urano.

V – ELEMENTOS PSICOLÓGICOS ASOCIADOS AL CHAKRA DE LA GARGANTA

EL FUNCIONAMIENTO ARMÓNICO DEL CHAKRA DE LA GARGANTA

Cuando el Chakra de la Garganta funciona de una manera armónica, la fuerza creadora se expresa cotidianamente, ofreciendo sus creaciones en todos los planos. Somos amantes de la paz y sabemos hacer una síntesis inteligente de nuestra vida actual y de nuestras encarnaciones pasadas para ofrecerlas al mundo.

Expresamos sin temor nuestros sentimientos, nuestros descubrimientos interiores, nuestras debilidades y nuestra fuerza. Podemos callarnos así como podemos comunicarnos con el Otro, por planos de comunicación y de percepción diferentes de la palabra. Nos comunicamos de alma a alma, con una cualidad de escucha global.

Encontramos las palabras justas, tomamos las decisiones justas y hacemos la acción justa, en adecuación perfecta con la voz de nuestro ser interno y el camino de nuestra alma, pero también en perfecta armonía con las Leyes Cósmicas.

Podemos decir que no. Conservamos en toda situación nuestra libertad, nuestra independencia y nuestra autodeterminación, manifestando una ausencia total de prejuicios.

Recibimos mensajes de los planos sutiles y de los Seres de Luz y nuestra forma de expresarnos tiene el poder de transmitir la sabiduría y la verdad.

Somos los "curanderos de la Tierra", estableciendo un diálogo permanente, un "puente" con los Devas que nos enseñan a volver a equilibrar las energías del planeta. Conocemos el plano de las causas así como las leyes espirituales que guían los sucesos de nuestra vida cotidiana. Somos "magos blancos" que transmiten la "Luz de Dios" en lo cotidiano.

EL FUNCIONAMIENTO INARMÓNICO
DEL CHAKRA DE LA GARGANTA

Un funcionamiento inarmónico del Chakra de la Garganta nos hace temer los cambios dispuestos a perturbar la paz existente. Estamos apegados a las Tradiciones y nos negamos a innovar. No nos atrevemos a hablar, a decir no, ni a crear o a existir por nosotros mismos.

Nos es difícil expresar lo que llevamos en nuestro interior, nuestros deseos, nuestras emociones y nuestros sentimientos, lo que nos impide reflexionar sobre éstos y nos puede llevar a realizar actos irreflexivos. Esta actitud puede igualmente encerrarnos en el racionalismo o conducirnos a la dominación o la manipulación mental.

Intentamos ocultar nuestros sentimientos por una multitud de palabras para disfrazar nuestro verdadero ser. Nos es difícil hablar en grupo o en público. Nuestra voz está mal ajustada, demasiado alta o demasiado aguda, o también inaudible y nuestro lenguaje puede ser frío y sobrio o grosero y brutal. Nuestras dificultades de expresión pueden llegar incluso a problemas de lenguaje: tartamudez o autismo.

Al no tener acceso a nuestro espacio interior, nos es imposible percibir los planos sutiles y muchas veces negamos su existencia.

LA DISFUNCIÓN DEL CHAKRA DE LA GARGANTA

Cuando hay una disfunción del Chakra de la Garganta, tenemos las mayores dificultades para aparecer en público, a presentarnos y a expresarnos. Por ser tímidos e introvertidos, no podemos hablar más que de cosas banales. Temiendo el juicio de los demás, nos apresuramos a conformarnos con sus opiniones, por temor a tener que defender las nuestras.

Si intentamos expresar nuestras emociones o nuestros sentimientos, nuestra garganta se cierra y se bloquea. Al no tener acceso a los mensajes de nuestra alma, no tenemos ninguna confianza en nuestra intuición. Incluso podemos llegar hasta negar la existencia de Dios.

VI – GLÁNDULA ENDOCRINA ASOCIADA AL CHAKRA DE LA GARGANTA: LA TIROIDES

La tiroides segrega dos substancias hormonales: la tiroxina y la triyodotironina.

Su acción es sumamente extensa. Su influencia se hace sentir no solamente en el conjunto de órganos, sino igualmente en todas las funciones: sueño, sexualidad, termogénesis, circulación, movimientos musculares, sensibilidad, condiciones epidérmicas, acción del hígado y del páncreas, inmunidad, fiebre, etc.

Su acción asimismo se manifiesta en los sentimientos, las emociones, la vitalidad y la inteligencia. Los Egipcios la representaban por un sol colocado en la parte delantera del cuello.

La tiroides actúa en todo el metabolismo, regulando los diferentes procesos celulares y procurando la vivacidad intelectual y cerebral. Preside el conjunto de la vida física, relacional e intelectual.

Desde hace mucho tiempo su acción ha sido mal comprendida; su funcionamiento es igual que el del sistema nervioso central y vegetativo, excepto que tiene una diferencia: el sistema nervioso es el que tiene necesidad de la tiroides para funcionar.

De hecho, la tiroides es la glándula de la adaptación al medio ambiente. Cuando un elemento exterior actúa sobre nosotros, la tiroides es la que evalúa la fuerza. Si nuestro potencial nos permite triunfar, ella se activa y pone nuestra personalidad en un estado de lucha. En el caso contrario, se pone en hipofuncionamiento.

Entonces tiene una acción de reacción (puesta en estado de actividad y aumento del proceso vital), o una acción de depresión (disminución de la actividad y entorpecimiento).

LA TIROIDES Y LA OXIDACIÓN

La función esencial de la secreción tiroidea es la oxidación. La oxidación celular es la capacidad que posee una célula para captar el oxígeno de la sangre. La célula no puede captar este oxígeno más que por la acción de un catalizador, que es la hormona tiroidea.

Conforme a la cantidad de hormona tiroidea emitida, tenemos varias posibilidades:

1) En muy poca cantidad, los intercambios celulares se harán lentamente, las capacidades funcionales serán precarias. Es el caso de los hipotiroideos.

2) Más importante, los intercambios se efectuarán mejor y el buen funcionamiento tenderá a favorecer el desarrollo de los órganos.

3) Abundante, asistiremos a una destrucción de las reservas de grasa y proteicas. Dará como resultado la fiebre, sea una hipotiroidea.

La tiroides también puede ejercer su acción por vía nerviosa, en la regulación de la temperatura.

Después de un gran temor, la secreción tiroidiana se detiene: entonces un sudor frío puede cubrir de gotas la frente, señal de una actividad nerviosa de origen tiroideo.

La timidez no es más que la manifestación de una detención o de una disminución del funcionamiento de la tiroides. Igualmente el sonambulismo.

La acción de la tiroides es indispensable en toda lucha anti-microbiana. Las reacciones orgánicas, circulatorias y respiratorias que acompañan toda condición infecciosa están determinadas por la acción tiroidiana.

La hipofunción tiroidiana se manifiesta siempre por el sueño. Las secreciones son activadas durante el periodo del despertar, lo que produce una activación de las células cerebrales que ocasiona la llegada de los sueños.

LA TIROIDES, LA RESPIRACIÓN Y EL CORAZÓN

Los movimientos respiratorios están regulados por la tiroxina. Cuando el pulmón recibe una cantidad más grande de esta hormona, el ritmo respiratorio aumenta, lo que permite una mejor oxigenación de la sangre.

La tiroides fortalece ampliamente el músculo cardiaco, además ejerce una acción vasodilatadora en los vasos periféricos. Esta secreción también se activa por la absorción de la cafeína, de la teobromina y de la digitalina.

LA TIROIDES Y LA VISIÓN

La visión está totalmente bajo la dependencia de la tiroides.

Parecería, según las investigaciones más recientes, que el debilitamiento de la visión en las personas ancianas resultaría en parte por la disminución de la actividad de esta glándula, un fenómeno que habitualmente forma parte del proceso de envejecimiento.

Las personas tratadas con extracción tiroidea afirmaron que la luminosidad de los objetos había aumentado.

LA TIROIDES Y LAS EMOCIONES

Se puede decir que los hipertiroideos esencialmente son emotivos y que los hipotiroideos lo son menos.

Las emociones provocan dos tipos de efectos. Ellas pueden:

1) Ya sea acelerar los procesos vitales, respiratorio y circulatorio, provocando conjuntamente un aumento de la temperatura, lo que podrá traducirse en cólera o alegría.

2) Ya sea provocar una depresión vital, con la disminución de los ritmos respiratorio y cardiaco y una baja de la temperatura, lo que podrá traducirse en tristeza o depresión.

La tristeza presenta todos los signos de insuficiencia tiroidiana: lentitud en los movimientos, inseguridad al caminar, vasoconstricción, sensación de frío y de fatiga, debilidad en la voz, obnubilación del espíritu, lentitud en la formación de ideas.

En cuanto a la alegría, está relacionada a todo lo que caracteriza una actividad intensa de la tiroides: vivacidad y claridad de espíritu, rapidez, exactitud, fuerza en los movimientos, vasodilatación, brillantez en los ojos, sensación de calor y de ligereza, fuerza y vivacidad de la voz.

Para lo que es de temor, se caracteriza por una interrupción de la función tiroidiana: parálisis, ronquera, escalofríos y sensación de frío, constricción espasmódica, mirada extraviada.

La cólera está caracterizada por una hiperactividad de la tiroides que estimula las suprarrenales: aceleración y fuerza en los movimientos, intensidad de la voz, falta de coordinación de los movimientos, asociado con el deseo de destrucción, aparición de cierta insensibilidad.

De hecho, la tiroides se manifiesta absolutamente en todas las actividades celulares, orgánicas, psicológicas e intelectuales. La depresión nerviosa, por ejemplo, es la manifestación de una ruptura en la facultad de adaptación a las diversas situaciones. O, la tiroides es el primer órgano al que le llega el agotamiento, el fracaso, la pena moral, la alimentación anárquica, etc. Es la "Guardiana de la Vida". Es en verdad el lazo entre el cuerpo y el espíritu, siendo la depresión una ruptura hormonal entre los dos.

LA TIROIDES, LA INTELIGENCIA Y EL LENGUAJE

La tiroides y el sistema nervioso son como el anverso-reverso de una hoja: es imposible disociarlos. Si hubiera una extirpación de la tiroides en el nacimiento, esto ocasionaría una atrofia total del tejido nervioso.

De hecho, el buen funcionamiento de los sentidos y de las funciones cerebrales así como el proceso de adquisición de los primeros elementos del lenguaje por imitación, dependen del buen funcionamiento de la tiroides. Todos los elementos asociados a la adquisición del lenguaje –formas, colores, palabras, sonidos, escritura, figuración, movimientos fonéticos– están relacionados perfectamente entre sí por una memoria automática, que es la obra de la secreción tiroidiana.

Esto último es lo que permite la recepción, el registro, el recuerdo y la combinación de imágenes verbales o palabras. Le da al espíritu su homogeneidad, su coordinación y su fuerza intelectual.

Si se tuviera en cuenta la importancia de la acción tiroidiana, no tendría problema para convencerlos de la absoluta necesidad de armonizar el Chakra de la Garganta que nos permite construir una regulación consciente del sistema tiroidiano.

VII – ASPECTOS FÍSICOS ASOCIADOS AL FUNCIONAMIENTO DEL CHAKRA DE LA GARGANTA

Los problemas físicos y las enfermedades resultantes de la disfunción del Chakra de la Garganta son las siguientes:

- el mal de Basedow (hipertiroidismo)
- mixedema (hipotiroidismo o mongolismo)
- tuberculosis
- palpitaciones
- dolor de garganta
- angina
- reuma
- ictericia
- problemas dentales
- problemas en el lenguaje
- timidez
- sonambulismo
- estrés

VIII – ÁNGEL ASOCIADO AL CHAKRA DE LA GARGANTA: MEBAHIAH
"Dios Eterno"

La función principal de este Elohim es sensibilizar al ser humano en el amor, el estetismo y la belleza.

El amor manifestado por el hombre estará impregnado de valores intelectuales; unirá el corazón y la razón, evitando que la fría razón no predomine sobre el corazón.

El Ángel Mebahiah lucha contra la hipocresía y la mentira en las relaciones amorosas. Lleva al aspirante a utilizar el poder del Verbo en el momento oportuno.

El Ángel Mebahiah transmite lo que la Tradición llama la "Lucidez Intelectual", la cual se manifiesta a través de los cinco sentidos a los que se les transmiten los principios morales.

La Moral es la armonización perfecta de nuestros actos con las Leyes Universales y el Ángel Mebahiah nos ayuda a comprender estas Leyes y a comprender, por el mismo hecho, por qué tal suceso nos llega y por qué contraemos cierta enfermedad, etcétera.

Esta comprensión nos da el Consuelo, que más que aceptación, es una preparación al logro y a la salud. La conscientización de estos mecanismos nos permite ser más espectadores de nuestra vida, que actores. Por esta actitud, nos apartamos del plano emocional, lo que nos permite tomar un retroceso en relación con cada suceso de nuestra vida. Es el primer paso de nuestra participación activa en el Universo.

El Ángel Mebahiah asimismo nos ayuda a cumplir nuestras tareas hacia Dios. Aquí no se trata de una veneración absurda. Dios no nos pide esto. Más bien nos pide que le ofrezcamos el fruto de nuestras experiencias en el plano terrestre. Así, nuestro Dios Interno y El Mismo aprenderán nuevas cosas sobre el funcionamiento del mundo físico.

IX – *MUDRA* ASOCIADO AL CHAKRA DE LA GARGANTA

Este *mudra* estimula el sentido del oído. Se puede utilizar para combatir los problemas crónicos de la oreja así como la sordera. Estimula el Chakra de la Garganta y sus funciones. Permite luchar contra el tabaquismo.

Se realiza este *mudra* uniendo el pulgar y la punta del dedo medio.

X – MEDITACIÓN CON EL SONIDO ASOCIADO AL CHAKRA DE LA GARGANTA

Siéntense cómodamente...

La espalda recta, los hombros sueltos pero no encorvados...

Las manos colocadas sobre las rodillas, las palmas dirigidas hacia el cielo...

Los pies bien planos en el suelo...

Cierren los ojos y respiren profundamente dos o tres veces...

...

Ahora dirijan su atención a su respiración...

Simplemente percíbanla...

Simplemente perciban el movimiento del aire en sus pulmones...

No intenten controlar la profundidad o el ritmo de su respiración...

Obsérvenla simplemente...

...

Ahora dirijan suavemente su atención a las hendiduras de las palmas de sus manos...

Simplemente percíbanlas...

Obsérvenlas...

Quizás sientan un hormigueo, una picazón...

Simplemente siéntanlos...

...

Ahora dirijan suavemente su atención a las hendiduras de las plantas de sus pies...

Simplemente percíbanlas...

Quizás sientan algunos movimientos de la energía...

Percíbanlos...

Acéptenlos...

...

Ahora llaman a su Compañero de Luz.

Le piden que baje su frecuencia vibratoria para entrar en comunicación con ustedes...

Y ustedes, elevan su gratitud para entrar en contacto con él...

...

Ahora le piden que los ayude en su trabajo...

...

Ahora van a dirigir suavemente su atención frente a ustedes...

Y ahí, van a visualizar una esfera de color azul, un azul muy suave, el azul del cielo, el azul del mar...

Esta esfera crece más y más; abarca ahora su cuerpo por completo y el paisaje que los rodea...

Sienten una gran calma instalándose en ustedes, como si estuvieran fuera del tiempo...

Nada les puede llegar...

Están en contacto con la Divinidad...

Los planos invisibles que los rodean les dan protección, calma y serenidad...

Déjense llevar a esta serenidad...

...

Ahora van a dirigir su atención entre sus dos ojos, ligeramente detrás de su frente...

> Y ahí, van a situar la imagen de un paisaje que para ustedes simboliza la paz...
>
> Instálense profundamente en esta paz...

...

Todavía visualizando este paisaje y conservando este sentimiento de paz, van a pronunciar interiormente la palabra HAM, en la nota *sol*...

> La pronuncian varias veces durante el tiempo de la exhalación, sin forzar su exhalación...
>
> Hacen siete exhalaciones, pronunciando varias veces la palabra HAM...

...

Se dejan llevar unos instantes por la energía de este Mantra...

> Ahora regresan suavemente de este viaje...
>
> Le dan las gracias a su Compañero de Luz por la ayuda que les acaba de dar...
>
> Cuando lo deseen, abrirán suavemente los ojos...
>
> Se estirarán...
>
> Están AQUÍ...
>
> Aquí y Ahora.

XI – MEDITACIÓN CON EL COLOR ASOCIADO AL CHAKRA DE LA GARGANTA

Siéntense cómodamente...

La espalda recta, los hombros sueltos pero no encorvados...

Las manos colocadas sobre las rodillas, las palmas dirigidas hacia el cielo...

Los pies bien planos en el suelo...

Cierren los ojos y respiren profundamente dos o tres veces...

...

Ahora dirijan su atención a su respiración...

Percíbanla simplemente...

Perciban simplemente el movimiento del aire en sus pulmones...

No intenten controlar la profundidad o el ritmo de su respiración...

Obsérvenla simplemente...

...

Ahora dirijan suavemente su atención a las hendiduras de las palmas de sus manos...

Percíbanlas simplemente...

Obsérvenlas...

Quizás sientan un hormigueo, una picazón...

Siéntanlos simplemente...

...

Ahora dirijan suavemente su atención a las hendiduras de las plantas de sus pies...

Percíbanlas simplemente...

Quizás sientan movimientos de la energía...

Percíbanlos...

Acéptenlos...

...

Ahora dirijan su atención ligeramente frente a su cuerpo...

Y ahí, ven una ligera bruma que empieza a subir del suelo...

Vapores de un azul muy pálido, muy suave...

Vapores de paz...

Sientan como estos vapores poco a poco van envolviendo su cuerpo...

Los calman...

Se dejan ir en los brazos de esta nube azul...

Es ligera, muy ligera...

Y suavemente, esta nube los transporta a un paisaje silvestre y natural que conocen bien...

Este paisaje simboliza para ustedes la paz...

...

Caminan por este paisaje familiar y toman un camino...

Es el final de un día de verano...

Hace un tiempo agradable; es el crepúsculo...

Notan la luna por encima de ustedes...

Brilla suavemente, es plateada...

Todo está calmado, sereno y la luz de la luna cada vez se vuelve más luminosa...

...

Y allá, a lo lejos, advierten una montaña que no habían visto nunca...

Se dirigen hacia esta montaña, guiados por la luna...

A los pies de esta montaña, perciben un lago...

Se dirigen hacia éste...

Este lago es azul, tranquilo, calmado...

Se detienen en la orilla de este lago...

La luz de la luna brilla suavemente en la superficie del agua...

Se inclinan en la orilla y ven su rostro en la superficie del agua...

La superficie se agita lentamente y ven aparecer otros paisajes...

El Espíritu del lago los lleva al pasado...

Un pasado muy lejano, cuando la Tierra no era más que un planeta joven cubierto de agua...

...

Vuelven a ver la creación de las primeras células, de los primeros organismos vivos...

...

Vuelven a ver la creación de los primeros vegetales...

...

Asisten al nacimiento de los primeros animales...

...

Viven el nacimiento de los primeros hombres...

...

Asisten a la evolución del hombre hasta nuestros días...

...

Recuerdan, porque todos estos sucesos están inscritos en cada una de sus células...

...

Ahora asisten a su llegada a la Tierra...

Sienten los millones de encarnaciones que han sido las suyas y consideran su vida actual en relación con estos millones de años...

...

Rememoran su vida actual y la dividen en cuatro partes, desde el nacimiento hasta ahora...

...

Consideran la primera parte, la de su infancia...

Recuerdan la casa, los personajes...

Se ven con su cuerpo de esa época...

Después encuentran una PALABRA, una palabra que expresa la quintaesencia de esta situación, de esta época...

...

Ahora consideran la segunda parte de su vida, la de la adolescencia...

Recuerdan la casa, los personajes que los rodean...

Se ven en su nuevo cuerpo...

Ven una nueva situación, un nuevo suceso y formulan una PALABRA, una palabra que expresa la quintaesencia de esta emoción, de este suceso...

...

Ahora consideran el tercer periodo de su vida, el de la edad adulta...

Forman en su espíritu una PALABRA, una palabra que resume la quintaesencia de esta parte de su vida...

...

Ahora entran en el último periodo que acaba el día de hoy...

Aparece un recuerdo...

Quizás más preciso, más detallado, más intenso...

Formulan una PALABRA que expresa la quintaesencia...

...

Crean mentalmente una copa de cristal en sus manos...

En esta copa de cristal, colocan las cuatro palabras que crearon...

Toman un poco de agua del lago en su copa y beben el contenido de su copa...

Es la fuerza de la riqueza de su pasado lo que están bebiendo...

Los regenera y los alimenta...

Pueden apoyarse en esta riqueza para seguir su camino...

...

Dejan la orilla de este lago iniciático y empiezan a escalar la montaña...

La subida es dura, escarpada...

Pero sacan la fuerza para continuar, de las palabras que resuenan en ustedes...

Los nutren, los alimentan...

Siguen dirigiéndose hacia la cima...

La montaña es muy hermosa, magnífica...

Simboliza la maravilla de la Creación, la magia de lo Creado...

Están embelesados por su esplendor.

...

Llegan casi a la cima...

Y ahí se abre la entrada a una cueva...

Entran en una cueva de cristal...

Y ahí, en el centro, está un Ser de Luz...

Un Guía de Luz, su Compañero de Luz...

Los recibe y les pide que lo sigan...

...

Siguen un corredor largo...

A todo lo largo de las paredes se encuentran millones de cristales...

Y llegan hasta una gran sala...

Se trata de una especie de biblioteca en la cual está contenida toda la información, todos los libros, todas las herramientas y todos los instrumentos de la expresión y la creatividad...

Su Guía se los muestra y les pide que escojan uno, que les va a regalar...

...

Retoman el camino con su Guía en el sentido inverso y llegan a la entrada de la cueva...

Le dan las gracias a su Compañero de Luz por el regalo que acaba de hacerles y retoman el ascenso a la montaña cuya cima está muy próxima ahora...

Llegan a la cima...

Y ahí, frente a ustedes, se abre un desierto...

Un desierto inmenso, virgen y vacío...

El desierto de lo Increado...

Todo es posible en esta inmensidad…

Pueden crear su porvenir…

Para hacerlo, van a utilizar el regalo que su Compañero de Luz les ofreció…

Van a crear formas, situaciones…

Lentamente, su espíritu se aclara, sus manos se animan, su voz resuena…

Y las cosas toman forma…

…

Van a permanecer solos unos instantes, para vivir estos momentos intensos…

A su alrededor, se despierta el alba…

La Luna desaparece…

El Sol se levanta…

Es el alba del Primer Día…

Se levantan…

Y vuelven a bajar lentamente en paz por el otro lado de la montaña…

Regresan hacia el mundo que se despierta apaciblemente…

…

Cuando lo deseen, abran los ojos…

Estírense…

Están AQUÍ…

Aquí y Ahora.

Capítulo XIII

El Chakra Frontal
CÓMO TENER ACCESO A LOS MUNDOS
EXTRASENSORIALES O LA ILUMINACIÓN

I – DEFINICIÓN Y FUNCIONES

El Chakra *Ajna*

Palabra de poder: *"El reino de Dios está dentro de ustedes"*. (Lucas 17:22)

"Pero es necesario que la paciencia realice perfectamente su obra". (Jc 1:4)

Ajna significa en sánscrito, "orden", "autoridad".

El Chakra Frontal es la trampa de la Conciencia. La Conciencia es una manera de concebir que no pasa por la mente y el razonamiento. Es un enfoque abstracto, que puede parecer ilógico en ciertos momentos.

La energía del Chakra Frontal actúa de una manera semejante a la del Chakra Cardiaco. Recibimos una idea, una semilla. Esta idea nos llega de la Divinidad, del Cosmos, del Espíritu. Es lo que llamamos una intuición.

Esta idea, esta semilla empuja como un grano. Desciende primero al nivel del Chakra de la Garganta, donde va a recibir el impulso de Creación. Luego pasa al Chakra Cardiaco, donde la mente la pone en la forma en el plano intelectual. De ahí, desciende al nivel del Chakra Solar, donde la fuerza del deseo le da el impulso, el deseo de venir al mundo. Después llega al Chakra Sacro, donde la fuerza de la creación del Chakra de la Garganta va a penetrar en la propia fuerza de creación del Chakra Sacro, dándole su forma etérica en el plano de la materia. Entonces penetra en la matriz para adquirir su forma material definitiva. Finalmente llega al Chakra Base que le permite materializarse en la Materia. Es el nacimiento.

Tomemos un ejemplo para ilustrar este mecanismo. Imaginemos que fuéramos Leonardo da Vinci, en el momento que concibió su primera "máquina para volar".

Primeramente, recibió una intuición divina, por medio del Chakra Frontal: "el hombre puede volar". Esta idea luego desciende al nivel del Chakra de la Garganta; en este momento es cuando Leonardo da Vinci adquiere la conciencia de la posibilidad real que tenía el hombre de volar con la ayuda de una máquina. Entonces exclamó: "¡El hombre va a volar!"

Este concepto entonces descendió al nivel del Chakra Cardiaco y la mente empezó a actuar, concibiendo los planos permitiendo la realización de una "máquina para volar". Este mismo concepto luego descendió al nivel del Chakra Solar y Leonardo da Vinci fue apoderado por un deseo irresistible de lograr volar y de darle a la humanidad los medios para concretar este sueño milenario.

Habiendo descendido la idea al nivel del Chakra Sacro, Leonardo da Vinci empezó a elegir los materiales y a dibujar los planos de su primer "aeroplano". Utilizando planchas, herramientas y diferentes materiales, fabricó con sus manos la primera maqueta de la "máquina para volar". La idea había encontrado su "materialización" a través de la energía del Chakra Base.

EL CHAKRA FRONTAL, UNA HERRAMIENTA DE MANDATO DIVINO

La Tradición llama al Chakra Frontal *Ajna*, es decir "orden", "autoridad".

El Chakra *Ajna* es el que manda nuestras ideas y nuestras acciones, ideas y acciones que recibimos de una "autoridad" superior: el Espíritu o la Divinidad. De hecho, el Chakra Frontal nos pone en comunicación con otra realidad, un plano de energía situado más allá del mundo creado. Lo llamamos el plano "Búdico" o el plano "supramental".

El plano Búdico nos activa desde el interior, para transmitirnos impulsos de creación acordes con el funcionamiento de los Arquetipos Divinos. Estos impulsos van a descender después a lo largo de nuestro sistema energético (la red de los Chakras) y a modificarse progresivamente bajo la acción de cada Chakra, según la condición energética propia para cada uno de ellos.

Es el motivo por el cual cada miembro de la humanidad es diferente (en una primera etapa de conciencia). Esta ideación divina que, intrínsecamente, lleva el mismo mensaje para cada uno de nosotros, en efecto va a modificarse, a "deformarse", en función a la condición de cada uno de nuestros Chakras y a terminar en una materialización que tendrá en cuenta la "historia" de cada uno.

EL CHAKRA FRONTAL Y EL PLANO DIVINO

Personalmente, yo prefiero llamar a este plano el Plano "Divino". Cuando haya llegado la etapa de ubicación de la energía del Chakra Frontal, "cambiaremos" a otro sistema de referencias, que no tiene ninguna conexión y ningún punto en común con el antiguo. Por otra parte, podemos tener la impresión de volvernos locos, de perder totalmente el contacto con la realidad. Se trata de hecho, aunque parezca imposible, de un "salto al vacío" que va a poner a prueba nuestra fe.

Voy a utilizar un ejemplo para intentar explicar este concepto.

Imaginemos que nos encontramos al borde de un acantilado. Vemos el vacío debajo de nosotros. Este vacío nos fascina y al mismo tiempo nos atemoriza. Repentinamente, una voz nos dice: "Avanza". Es fácil imaginar el temor que se apodera de nosotros.

Entonces respondemos a esta voz, seguramente enojados: "Estás loco, me voy a matar". La voz nos repite: "Avanza". Estando muertos de miedo, sentimos, sin embargo en el fondo de nosotros mismos que este paso es necesario. No tenemos elección. Tenemos que avanzar.

Para "avanzar", tenemos que sacar todas las reservas de fe y de confianza que están escondidas en el fondo de nosotros. Y avanzamos. Y ahí, nos espera una gran sorpresa: no nos caemos; no nos matamos, damos el paso a "otra realidad".

He aquí como se efectúa el paso a la energía del Chakra Frontal. No podrá pasar por un esfuerzo voluntario. No vamos a decidir una hermosa mañana en instalar esta energía, pero un día, nos encontraremos "por casualidad" en el borde de un acantilado y una voz nos dirá: "Avanza". Tener la fe y avanzar en lo Intangible, en lo Desconocido, esperando con fe que una nueva referencia tenga lugar, convencidos de que todo lo que nos llegará no podrá más que ser bueno para nosotros. O más bien, avanzar sin **esperar nada**.

Para entrar en contacto con el Plano Divino, tenemos que fusionarnos con esta energía. El Chakra Frontal es **"LA PUERTA"** de la evolución de la Conciencia. Por éste, vamos a pasar de una conciencia humana a una conciencia *supra*-humana o *sobre*-humana, de una conciencia de hombre a una conciencia de *super*-hombre. Es en cierto modo el reto que se le presenta a la humanidad en este fin de siglo.

Habiendo explorado todos los aspectos de las dimensiones materiales, el hombre empieza a darse cuenta que estos planos de la Materia ya no son aptos, por su misma esencia, a hacerlo evolucionar. Entonces aspira a que una energía, más allá del plano mental, pueda descender en él y elevarlo hasta los planos superiores de la conciencia. El Chakra Frontal es el que le permitirá realizar este paso. De hecho, como lo vimos al principio del capítulo, los planos inferiores sólo tienen vida si el plano supramental les da los impulsos y los activa.

Poner en su lugar la energía del Chakra Frontal nos permite darle a éste el lugar que le corresponde para que pueda transformar nuestra personalidad interior, frente a nuestro mundo de dualidad y de oposición. El Chakra Frontal nos da la Reconciliación y nos lleva hacia la Unidad. Este estado de conciencia unificado nos lleva a una concepción real, total y global de lo que podemos llamar la "Universalidad" o el "Universo".

De hecho, el paso a la energía del Chakra Frontal corresponde a la muerte del Hombre Viejo, es decir la muerte definitiva de la Personalidad. Es la ruptura con el hombre apegado a su ego que consiente al Hombre Realizado, al Hombre Crístico. La conciencia ha llegado al primer grado de liberación.

EL CHAKRA FRONTAL Y EL MATRIMONIO MÍSTICO

Como se debe en su profesión hay que ponerse cien veces manos a la obra, tendremos, antes de volver a encontrar la Unidad, que realizar un nuevo trabajo de equilibrio de nuestras polaridades masculina y femenina. Sin cesar, este trabajo se nos representa en frecuencias vibratorias diferentes, en planos diferentes, a todo lo largo de nuestro ciclo de encarnaciones.

Vimos, en el capítulo precedente, que el Chakra de la Garganta estaba profundamente unido al Chakra Sacro y a la matriz, siendo estos dos Chakras la llave de la creación y de la fuerza creadora, pero en frecuencias vibratorias diferentes.

El Chakra de la Garganta es la "Madre Celestial", la "Madre Fervorosa" así como la llama la Tradición. Es la Madre Glorificada, liberada de las limitaciones de la Materia del *Maya*, para convertirse en una fuerza fecundadora, universal, libre y liberadora.

El Chakra Frontal es el Padre celestial que fecunda al Hombre con Sus pensamientos, con Su voluntad. Es la base del desarrollo de la Personalidad, del ego. Por ello está fundamentalmente unido al Chakra Solar. Al despertar el Chakra Frontal, abandonamos la voluntad del ego, el poder temporal, para conformarnos a la Voluntad del Padre, al Poder Divino, intemporal.

Cuando el Chakra Frontal se despierta, el Chakra de la Garganta se une al Padre celestial y es entonces el Matrimonio Místico del cual nacerá el Hombre Nuevo, el Hijo, marcando este nacimiento el despertar del Chakra Coronario. Este matrimonio operará igualmente en el plano endocrino entre la glándula pituitaria y la glándula pineal.

EL CHAKRA FRONTAL Y EL EGO

Quisiera, en esta etapa, devolverle un poco de sus "cartas de nobleza" al ego.

El ego es la energía que nos permite **SER**. Sin él, no hay existencia individual. Por él adquirimos nuestra individuación. Evidentemente, si no estuviera ahí, estaríamos fundidos en un tronco común que no nos permitiría desarrollar la conciencia. Sin el ego, no existiríamos.

Esta concientización es necesaria. Si, por ejemplo, nos culpamos cada vez que identificamos una forma de funcionamiento enlazado al ego (es cierto que muchas enseñanzas esotéricas o religiosas asocian el ego con una idea de culpa), llevamos nuestra frecuencia vibratoria a un nivel de juicio, por lo tanto del Chakra Solar, y tenemos que volver a empezar nuestra "subida de vibración".

El ego es el símbolo de nuestra individuación, la representación por su dimensión divina de Dios sobre la Tierra. Es la conexión consciente y armónica de las energías del Chakra Solar a las del Chakra Frontal, lo que nos permite vivir el camino de nuestra alma en el plano físico y realizar, en la Materia, el camino de evolución de la Chispa Divina que está en nosotros.

EL CHAKRA FRONTAL Y LA MEDITACIÓN

El Chakra Frontal nos permite entrar en contacto con la energía de la Vida del Espíritu. En el plano físico, el Chakra Frontal corresponde a la hipófisis (glándula pituitaria), que lo llamamos el "jefe de la orquesta". En efecto ésta es la que maneja el conjunto de funciones endocrinas. Está situada en el cerebro arcaico, el cerebro somático que es el asiento de las acciones subconscientes y de la expresión de los poderes del alma.

El alma se une al hombre por una glándula pituitaria. Pero para llegar al cerebro arcaico, la información debe pasar primero por la neo-corteza. Esta es la parte del cerebro que recibe y transmite la información sensorial y que manda la acción motriz. Ahí es donde se encuentra la dificultad descubierta por todo Aspirante comprometido en el proceso de desarrollo del Chakra Frontal que debe superar la actividad de los sentidos para alcanzar el contacto con el Plano Divino.

El único "método" que puede ayudarnos a superar la "barrera de los sentidos", a hacer "que se callen los sentidos" es una técnica varias veces milenaria que se llama meditación.

Únicamente por la Meditación podemos entrar a esta frecuencia superior de conciencia.

EL CHAKRA FRONTAL Y EL ALMA

El Chakra Frontal también está unido a las acciones del subconciente, que son impulsos internos que todavía no se exteriorizan. Estos impulsos, conocidos por la conciencia, siempre están en relación con nuestras experiencias anteriores. Llamamos a esta capital de experiencias el "alma".

Intentemos definir lo que es el alma. El hombre es un sistema ternario formado por el cuerpo, el alma y el espíritu. El cuerpo comprende (además del cuerpo físico) el cuerpo etérico, el cuerpo astral y el cuerpo mental. El Espíritu es una partícula del Espíritu Divino. Lo llamamos "Chispa Divina" en ciertas Tradiciones. El Espíritu es eterno, inmortal e idéntico a sí mismo a todo lo largo del itinerario de su evolución. Para encarnar, se envuelve con campos energéticos más o menos densos: los planos átmico (enlazado al plano físico), búdico (enlazado al plano astral) y causal (enlazado al plano etérico).

Con respecto al alma, es el resultado del trabajo del Espíritu en el cuerpo; es la capital de experiencias acumuladas en el transcurso de nuestros millones de encarnaciones. El alma es la energía que el

Espíritu produce al integrar la materia. Es la energía que extraemos de la encarnación.

Al trabajar en el Chakra Frontal por la vía iniciática, actuamos directamente en el cerebro, que se convierte entre otras cosas, en una reserva de datos. Las neuronas son solicitadas, de modo que la estructura interna del cerebro entre en contacto con la energía del Espíritu y que el CRISTO entre en nosotros. **El Cristo, es la Iluminación**.

Lo que la Tradición llama "Iluminación" no es un proceso completamente abstracto. La Iluminación corresponde, en el plano físico, a un mecanismo muy preciso, que llega a una producción de Luz "real" en el interior del cerebro, en una zona situada entre la hipófisis y la epífisis. La estructura de las neuronas está literalmente "electrificada" por la energía Crística.

Un trabajo en el Chakra Frontal permite la liberación de la Luz. El calor liberado al nivel de la cabeza aumenta, lo que nos hace capaces de experimentar otra cosa que es para lo que hemos sido programados por nuestra alma y por los arquetipos emocionales creados por el Chakra Solar. Entonces podemos vivir más allá del "Programa de Vida" y conocer la "verdadera" libertad, la del hombre realizado.

La Iluminación es el acto por el cual el Cristo nace en nosotros.

EL CHAKRA FRONTAL Y LA INDEPENDENCIA

Si nuestro Chakra Frontal no está –o está mal– despierto, tendremos dificultad para escuchar nuestra "voz interior", lo que nos llevará a darle vitalidad a nuestra personalidad exterior. Funcionaremos por imitación, refiriéndonos a modelos exteriores sobre los que intentaremos calcarnos.

Estaremos influidos por la publicidad, los medios de comunicación, las lecturas, las modas y las personas de nuestro entorno. Nos podrá ocurrir que le confiemos nuestro desarrollo espiritual a un "gurú", sin comprender que la búsqueda de nuestro camino siempre debe hacerse por la vía interior, por una búsqueda interior. Nuestra guía interior es nuestro sólo y único Maestro.

Si nuestro Chakra Frontal no funciona, corremos el riesgo de caer en la idolatría y de adorar las formas exteriores, olvidando nuestra vida interior. Es el Becerro de oro del Antiguo Testamento.

Para diagnosticar el estado energético de nuestro Chakra Frontal, hay que hacer las siguientes preguntas:

- ¿Qué autonomía poseemos con respecto a las estructuras exteriores?
- ¿Somos sensibles a la opinión de los demás?
- ¿Llegamos a comprar ciertos productos a causa de la publicidad que se hace?
- ¿Nos afecta la información transmitida por la televisión o por la prensa escrita, en el plano emocional?
- ¿Cómo alimentamos nuestra personalidad y nuestro camino de vida: por un camino interior, por ciertos dogmas, lecturas o creencias asociadas a ciertas religiones o por ciertos gurús?
- ¿Esta energía viene del interior o del exterior?

Para evaluar el estado energético de nuestro Chakra Frontal, basta con determinar si nos damos una apariencia o si **"somos"** en relación con nuestra vida interior.

EL CHAKRA FRONTAL Y LA
"LIBERACIÓN" DEL CUERPO DE LUZ

Abordamos, en el capítulo precedente, el funcionamiento del Cuerpo del alma cuya construcción se realiza por la acumulación de actos de servicio desinteresados.

La armonización del Chakra Frontal nos permite "liberar" del cuerpo físico, nuestro vehículo de Luz, es decir de "desprenderlo" de una manera "consciente".

Ahí reside para nosotros la posibilidad de vencer la muerte y de pasar al "otro lado" conscientemente, es decir de pasar al "otro lado" con el recuerdo. Entonces regresaremos con conciencia durante nuestra próxima encarnación.

El medio para desprender del vehículo físico el Cuerpo del Alma es la Iluminación. Por la meditación tenemos acceso y nos convertimos entonces en **HIJOS DE LA LUZ**.

CUALIDADES Y DEFECTOS ASOCIADOS
AL CHAKRA FRONTAL

Las cualidades asociadas a la energía del Chakra Frontal son las siguientes:

- conceptualización y visualización precisas
- justicia
- perseverancia
- buen sentido
- rectitud
- independencia
- inteligencia viva.

Los defectos asociados a un funcionamiento inarmónico o a una disfunción del Chakra Frontal son los siguientes:

- crítica
- estrechez de espíritu
- arrogancia
- negarse a perdonar
- falta de simpatía
- falta de respeto
- prejuicios

Por lo tanto las cualidades a desarrollar son:

- generosidad de espíritu
- apertura
- aceptación del Otro
- amor
- simpatía
- devoción
- respeto.

II – ELEMENTO CORRESPONDIENTE AL CHAKRA FRONTAL

A partir de este nivel vibratorio se opera un cambio de plano de percepción, que hace que ya no haya una correspondencia entre un elemento y el Chakra Frontal.

III – NÚMERO ASOCIADO AL CHAKRA FRONTAL: EL 11

El Número 11 es el número del Tao. Por éste se constituye en su totalidad el camino de la Tierra y el camino del Cielo. Es el Número de la conjunción del 5 y del 6, que son el microcosmos y el macrocosmos, la Tierra y el Cielo.

El Número 11 es un Número Maestro; posee un grado vibratorio muy alto. Es el número del contacto con la Divinidad, con los Ángeles. Es el Número del Ángel. Es la señal de un intelecto superior.

Es el número de la Intuición Espiritual y de la Intuición Cósmica, la fusión de las cosas con el Mundo. Es el símbolo de la Revelación.

Está representado por dos 1 colocados uno junto al otro, como dos antenas. Representa dos 1 en planos diferentes.

PALABRAS CLAVE ASOCIADAS AL NÚMERO 11

Intuición, Revelación superior;
Inteligencia cósmica;
Premonición, Clarividencia;
Fuerza, Nutrición Celeste;
Soplo interior;
Chi, Energía, Dominio de sí mismo;
Clariaudiencia, Mensaje de los Ángeles;
Infinito, Eternidad;
Hipersensibilidad, Dificultad para vivir;
Orgullo Desmedido.

IV – COLOR CORRESPONDIENTE AL AL CHAKRA FRONTAL: EL ÍNDIGO

El índigo es el símbolo de la sanación espiritual y, al respecto, refleja lo que somos como lo haría un espejo. La civilización Egipcia representaba a Kneph, el creador del Universo, en índigo. La Biblia nos dice que el azul oscuro es el símbolo del Espíritu.

El índigo es el color de la Conciencia, "núcleo de la Sabiduría Divina". En el índigo, vamos a regresar hacia nuestros "Hermanos de las Estrellas".

V – ELEMENTOS PSICOLÓGICOS ASOCIADOS AL CHAKRA FRONTAL

EL FUNCIONAMIENTO ARMÓNICO DEL CHAKRA FRONTAL

Una persona cuyo Chakra Frontal funcione de manera armónica se encuentra en posesión de una sabiduría intuitiva e inmediata que no pasa por la lógica de la mente. Se trata de una percepción de conjunto que no depende de un aprendizaje de los sucesos y que nos da la capacidad para sentir y concebir el porvenir. Esta percepción se duplica por un mecanismo de clarividencia, tomado en el sentido estricto de la palabra. Es decir que no pasa por las emociones del plano astral y del Chakra Solar, sino que más bien representa una visión expandida de nuestro mundo, en la infinidad de las interrelaciones existiendo entre sus diversos componentes.

Por un trabajo asiduo de los temores, el ego, la individualidad y los apegos, de hecho de todo lo que caracteriza el funcionamiento de los Chakras precedentes, trascendemos el tiempo, volviéndonos conscientes del pasado, del presente y del futuro.

Las funciones del cuerpo físico así como el proceso de envejecimiento se reducen, somos optimistas. Nos mantenemos unidos a la vida concreta y material, siendo siempre capaces de estar completamente separados de la actividad sensorial.

Percibimos que las apariencias visibles de las cosas no son más que una imagen, un símbolo a través del cual se manifiesta la Divinidad en el plano Material. Superamos completamente los límites de lo racional, y el mundo se manifiesta bajo la forma de movimientos de energía, de corrientes de pensamiento o de intuición, o también de transferencias de energías que estamos capacitados para canalizar.

Descubrimos que hay una multitud de mundos detrás del plano Material. Nuestra aura desarrolla una cualidad que hace que todas las personas que entren en contacto con nosotros se vuelvan calmadas y sensibles a la frecuencia del sonido AUM.

Al ya no estar enlazados con el tiempo, estamos en un estado de conciencia no dual, es decir un estado de unión con la Divinidad. Revelamos la Divinidad en nosotros y lo proyectamos hacia los demás. Comprendemos que somos un espíritu inmortal estando encarnado en un vehículo temporal hecho de carne.

Esta energía de los videntes y de los sanadores es igualmente la de los profetas y de los maestros espirituales. Realmente disponemos de una gran capacidad para meditar, de una aptitud para la concentración, la visualización y las experiencias místicas.

La Tradición nos dice que el Chakra *Ajna* corresponde al elemento *Maha* que todavía no se manifiesta en el plano de la conciencia que tenemos actualmente.

EL FUNCIONAMIENTO INARMÓNICO
DEL CHAKRA FRONTAL

La persona cuyo Chakra Frontal no funciona de una manera armónica, no cree en su "pequeña voz interior". La percibe pero se niega a escucharla. La duda es lo que bloquea la energía de este Chakra.

Viviendo en nuestro intelecto, queremos regular todo por la razón, por nuestra mente. Nuestras facultades intelectuales están desarrolladas y nuestra capacidad de análisis es "aguda". Esto nos conduce muchas veces a tener la "cabeza dura". Pero falta una dimensión mayor en nuestra visión: la dimensión espiritual. Lo que nos da cierta arrogancia intelectual que nos hace rechazar los conocimientos espirituales no pudiendo pasar por la racionalidad.

Con un Chakra Base que falla, nos separamos totalmente de la realidad, viviendo en el sueño o en un futuro siempre más lejano. Olvidamos fácilmente nuestro cuerpo y lo que se apega a la vida material, o no nos sentimos a gusto.

Uno de los peligros unidos a la energía de este Chakra es el de confundir la visión con el sueño, de confundir una visión del Chakra Frontal con una percepción del astral (dicho de otro modo del Chakra Solar).

El funcionamiento inarmónico del Chakra Frontal muchas veces genera los falsos profetas, que pueden convertirse en fanáticos.

LA DISFUNCIÓN DEL CHAKRA FRONTAL

Cuando hay una disfunción del Chakra Frontal, nos separamos completamente del plano espiritual. Nuestra realidad llega a ser la del mundo exterior y no la de nuestro ser interior. Da como resultado un desgarre profundo, un sentimiento de dualidad y de escisión. Para aliviar este malestar, adoptamos un tipo de vida orientado únicamente hacia la satisfacción de los deseos materiales y físicos. Este curso desenfrenado hacia la acumulación nos deja siempre en un estado de insatisfacción total.

Rechazando toda discusión espiritual, negamos que exista otra dimensión que no sea la de la Materia. Perdemos rápidamente la cabeza, en caso de estrés. Estamos distraídos y podemos tener problemas visuales.

VI – GLÁNDULA ENDOCRINA ASOCIADA AL CHAKRA FRONTAL: LA HIPÓFISIS

Parecería que el funcionamiento de la hipófisis, o glándula pituitaria, está unido fundamentalmente al hipotálamo, estando los dos considerados como el sistema de mando que rige el conjunto del sistema endocrino. Segregan diversas hormonas, que son las estimulinas y la hormona somatotrópica. Por un proceso de autorreacción, las estimulinas frenan o activan las otras glándulas endocrinas para regularizar el índice de hormonas en la sangre. Estas hormonas están por lo tanto regidas por el principio del equilibrio. La hormona somatotrópica actúa en el conjunto de la morfología, especialmente en el crecimiento.

La hipófisis está asociada a la capacidad para evaluar, juzgar, razonar y comparar. Se le llama el "jefe de orquesta". Su composición al mismo tiempo nerviosa y glandular le permite apreciar los fenómenos metabólicos que se manifiestan en nosotros. El pensamiento no se escapa de este funcionamiento.

Por analogía, lo que esta glándula efectúa en el plano metabólico, asimismo lo hace en el plano cerebral, dándole al intelecto una aptitud al juicio, a las medidas y a las relaciones. Nos permite evaluar las abstracciones o la formación de ideas meramente intelectuales, con una capacidad de análisis que facilita el trabajo de apreciación. Lleva a la experimentación, a la utilización de los números y de las fórmulas, a la búsqueda constante de las causas de los fenómenos. Por consiguiente tiene una influencia psicológica e intelectual innegable.

VII – ASPECTOS FÍSICOS ASOCIADOS AL FUNCIONAMIENTO DEL CHAKRA FRONTAL

Los problemas físicos resultantes de un funcionamiento inarmónico o de una disfunción del Chakra Frontal son:

- memoria deficiente
- neuralgias
- dolor de cabeza
- dolor de dientes
- insomnio
- hipertensión
- infecciones en la garganta
- sinusitis
- bronquitis aguda

- lumbago
- ciática
- cistitis aguda
- hiperactividad de la tiroides
- amnesia
- falta de concentración
- incapacidad para meditar
- una mente "que divaga".

VIII – ÁNGEL ASOCIADO AL CHAKRA FRONTAL: DANIEL
"La señal de las misericordias"

La función principal de este Elohim es sensibilizar al ser humano a la experiencia del amor, el estetismo y la belleza.

Este amor estará caracterizado por sentimientos profundos, estables y responsables, por una adhesión sincera y una gran fidelidad. Los tres valores clave del Ángel Daniel son Permanencia, Estabilidad y Duración. Esta estabilidad no es una cristalización; representa la capacidad que tenemos para renovarnos continuamente.

Animado por el amor Crístico, estará caracterizado por una vida emocional y sentimental intensa, disfrutando de una capacidad excepcional de razonamiento y de comprensión del otro; así podremos entrar en plena comunión con nuestro ser interno.

El Ángel Daniel lucha contra los celos y la frialdad en la expresión de los sentimientos y también contra la propensión a la sospecha, a la mezquindad y a la artimaña en las relaciones amorosas. Dispensa la Misericordia, no la que consiste en cerrar los ojos ante las malas acciones, sino la que se preocupa en poner los hechos en el plano causal con el fin de determinar las causas que produjeron los efectos y de encontrar un remedio.

El Ángel Daniel es uno de los canales de comunicación con la Divinidad; hace que cada causa tenga su efecto natural. Posee una fuerza de clarificación que nos ayuda a elegir entre diversas opciones. Gracias a él, tenemos la posibilidad de ver el desenlace de cada camino y de elegir el que más nos convenga.

IX – *MUDRA* ASOCIADO AL CHAKRA FRONTAL

Para evitar provocar que el estudiante principiante en ciencias esotéricas practique ejercicios que no le corresponden a su frecuencia vibratoria, la Tradición no da ninguna directiva con respecto al *mudra* asociado al Chakra Frontal. Cuando estemos en esta etapa de nuestra evolución, recibiremos de nuestros guías las indicaciones necesarias para nuestro entrenamiento.

X – MEDITACIÓN EN EL SONIDO ASOCIADO AL CHAKRA FRONTAL

Se sientan cómodamente, la espalda recta, los hombros sueltos…

Colocan las manos sobre sus rodillas, las palmas volteadas hacia el cielo…

Ponen sus dos pies planos en el suelo…

Ahora relajan las tensiones que están presentes en la nuca, la espalda, los hombros…

También relajan las tensiones que están presentes en la lengua…

Entreabren ligeramente la mandíbula…

Respiran profundamente dos o tres veces…

…

Ahora dirijan suavemente su atención a su respiración…

No intenten modificar el ritmo…

Observen simplemente el paso del aire en sus pulmones…

Simplemente percíbanlo…

Obsérvenlo…

...

Ahora dirijan suavemente su atención a las hendiduras de las palmas de sus manos...

Quizás sientan una picazón, un hormigueo...

Simplemente percíbanlos...

Siéntanlos...

...

Ahora dirijan su atención a las hendiduras de las plantas de sus pies...

Simplemente obsérvenlas...

Percíbanlas...

Quizás sientan movimientos de la energía...

Acéptenlos...

...

Ahora van a dirigir suavemente su atención a un punto situado entre las cejas, debajo del puente de la nariz, ligeramente hacia atrás de la frente...

Percíbanlo simplemente...

Obsérvenlo...

...

Ahí, inhalando, van a conducir su aliento a este punto entre las cejas y van a concentrarlo en un punto de luz índigo...

Un índigo obscuro, de una noche sin luna...

Y van a dejarse llevar por las estrellas...

...

Comprenden que son una partícula de estrella...

Comprenden su pertenencia al Universo...

Encuentran a los Seres de las Estrellas, el Pueblo de los Pájaros...

...

Uno de los miembros de este pueblo viene a nuestro encuentro...

Lo reciben y le piden indicaciones sobre su camino interno...

...

Este enviado les responde...

Por medio de palabras, de imágenes, de sensaciones, de símbolos...

...

Le dan las gracias por este mensaje y siguen su viaje...

Se encuentran en un gran espacio en blanco, virgen...

Y de repente, se dan cuenta que se trata de un punto situado entre sus cejas en el puente de su nariz...

...

Se encuentran en este espacio...

Se sienten bien y, todavía estando en él, pronuncian interiormente la palabra KSHAM en la nota *la*...

La pronuncian varias veces interiormente, todo el tiempo que dure la exhalación, sin forzar su exhalación...

Hacen siete exhalaciones, pronunciando varias veces la palabra KSHAM...

...

Se dejan llevar unos instantes por la energía de este Mantra...

...

Ahora regresan suavemente a su conciencia ordinaria...

Y cuando lo deseen, abran sus ojos...

Estírense…

Están AQUÍ…

Aquí y Ahora.

XI – MEDITACIÓN EN EL COLOR ASOCIADO AL CHAKRA FRONTAL

Se sientan cómodamente, la espalda recta, los hombros sueltos…

Colocan sus manos sobre sus rodillas, las palmas volteadas hacia el cielo…

Ponen sus dos pies bien planos en el suelo…

Ahora relajan las tensiones que están presentes en la nuca, la espalda, los hombros…

También relajan las tensiones que están presentes en la lengua…

Entreabren ligeramente la mandíbula…

Respiran profundamente dos o tres veces…

…

Ahora dirijan suavemente su atención a su respiración…

No intenten modificar el ritmo…

Observen simplemente el paso del aire en sus pulmones…

Simplemente percíbanlo…

Obsérvenlo…

…

Ahora dirijan suavemente su atención a las hendiduras de las palmas de sus manos…

Quizás sientan una picazón, un hormigueo…

Simplemente percíbanlas…

Obsérvenlas…

...

Ahora dirijan su atención a las hendiduras de las plantas de sus pies...

Obsérvenlas simplemente...

Percíbanlas...

Quizás sientan movimientos de la energía...

Acéptenlos...

...

Ahora van a llevar suavemente su atención a un punto situado entre las cejas...

Abajo del puente de la nariz...

Ligeramente hacia atrás de la frente...

Percíbanlo simplemente...

Obsérvenlo...

...

En este espacio aparece lentamente una pantalla blanca...

Como una pantalla de cine...

Suavemente se va agrandando...

Y progresivamente, invade todo el espacio...

Se hunden en este espacio blanco...

...

En esta pantalla aparece un bosque...

Un bosque acogedor...

Lleno de vida...

Sin embargo, no ven esta vida, porque es de noche...

Es una noche sin luna...

Profunda...

Índigo...

...

Toman un camino que serpentea a través de los árboles, de los matorrales, de las flores...

No los ven, pero los sienten...

...

Avanzan suavemente...

Su paso es lento, vacilante...

...

Sienten todo lo que pasa alrededor de ustedes...

Avanzan por este camino gracias a los sonidos, gracias a las vibraciones...

Gracias al tacto...

No ven con sus ojos físicos...

Y siguen avanzando sin temor por el bosque, entrando en comunión con todos sus habitantes...

...

Poco a poco, la vegetación se va haciendo menos densa...

Llegan a un claro...

Lo conocen bien...

En el centro de este claro se levanta una piedra...

Es su amiga...

Se pueden comunicar con ella...

Ella es una partícula de estrella...

...

La saludan y la rodean con sus brazos...

Sienten que vive...

Tiene como un corazón que late en el interior...

Escúchenlo...

...

Poco a poco, el ritmo de su corazón se pone a latir al unísono con el de la piedra...

Con el de las estrellas...

Sus vibraciones están llenas de amor y de fuerza...

Y lentamente, se desahogan con este polvo de estrella...

...

Le confían sus dudas...

Sus dudas de su vida afectiva...

Sus dudas de su vida profesional...

De su vida familiar...

Sus dudas de su vida espiritual...

Todo lo que los hace dudar de ustedes mismos, de sus intuiciones, de su creatividad...

...

Le confían todas estas dudas a esta piedra amiga...

A esta partícula de eternidad...

Esta amiga acoge sus dudas y se las transmite a la tierra, con el fin de que la tierra las transforme en pura luz...

...

Su comunión con la piedra y la tierra se intensifica...

Ya no sienten su cuerpo...

Son la piedra…

Son la tierra…

…

Lentamente, vuelven a tomar conciencia de su cuerpo, de su respiración…

De la presencia de esta piedra entre sus brazos…

Retiran sus brazos de la piedra y le dan las gracias…

…

Vuelven a tomar su paso de ciego, pero su paso es más seguro …

Se sienten más seguros…

Hasta aceleran su paso…

…

Se dirigen hacia un edificio que se encuentra al fondo del claro …

Este también es de piedra…

Penetran al interior…

Se diría que es un templo…

…

El interior de este templo es redondo…

En su centro se encuentra una especie de altar…

Se dirigen hacia este altar y encienden una vela que se encuentra ahí…

Y ahí, sobre el altar, descubren un cristal…

…

Cristal, polvo de Luz y de estrella…

Es completamente puro y transparente…

Observan este cristal y entran en él…

...

Su mirada se pierde en el interior...

Es mágico, majestuoso...

Pronuncian una oración o una fórmula sagrada de su elección...

...

Y aparece una forma en el cristal...

Puede ser un animal, un símbolo...

Un ser irreal o vivo...

Obsérvenlo atentamente...

...

Ahora su guía está frente a ustedes, en el templo...

Abran su corazón a su presencia...

Si es la primera vez que lo encuentran, le pueden pedir su nombre...

...

Luego le hacen una pregunta...

Una pregunta que es importante para ustedes actualmente...

...

Su guía les da la respuesta de su pregunta...

Puede ser en forma de palabras...

De objetos...

De símbolos.

...

Le agradecen su respuesta y poco a poco su imagen se funde en el cristal...

Asimismo es posible que la respuesta se manifieste dentro de algunos días, en su vida cotidiana...

...

Se levantan...

Apagan la vela...

Y abandonan el templo con respeto...

...

Afuera, se levanta el amanecer...

El templo está iluminado...

El claro también...

Descubren todo el paisaje que han atravesado en la obscuridad...

...

Ahora vuelven a tomar el camino por el que vinieron...

El sol brilla a través de los árboles...

Las dudas han desaparecido...

Poco a poco, regresan de este viaje...

Cuando lo deseen, abran los ojos...

Estírense...

Están AQUÍ...

Aquí y Ahora.

XII – ETAPAS DE LA ILUMINACIÓN

Me ha parecido importante compartir con ustedes un trabajo relacionado con la Tradición, que codifica las etapas por las que pasamos durante nuestro proceso evolutivo.

Estas etapas han sido catalogadas, desde hace varios milenios, por los Discípulos que han recorrido "el camino" antes que nosotros. Da mucha seguridad saber que las dudas y las incertidumbres que colorean nuestro recorrido ya han sido vividas por millones de adeptos que han hecho el recorrido que es nuestro actualmente.

Encontramos la descripción de estas etapas que llevan a la Iluminación en la Tradición Hindú en un texto titulado los *Yogas Sutras de Patanjali.*

En los *Yogas Sutras de Patanjali*, el Raja Yoga da una enseñanza que reconoce la mente como un instrumento del alma y como un medio para adquirir la iluminación del cerebro físico y el conocimiento de los dominios del alma.

Según la Tradición, el acceso a la Iluminación o al conocimiento comprende siete etapas, que están asociadas a las siete grandes Iniciaciones.

Estas siete etapas provocan siete modos de pensar o modificaciones mayores del principio pensante.

I. EL DESEO DE CONOCIMIENTO

El deseo de conocimiento constituye la primera modificación del principio pensante. Es la causa de toda experiencia.

Nos damos cuenta que hemos experimentado todos los aspectos de la vida material, en los tres planos. Por consiguiente tenemos el conocimiento del plano Material y nos damos cuenta que estamos situados en un grado de la escala de evolución llamado Materia. Entonces comprobamos la necesidad imperiosa de explorar otros campos de investigación.

II. EL DESEO DE LIBERTAD

El alma ha percibido, en el transcurso de sus múltiples encarnaciones, cierto número de experiencias y de investigaciones. Ha dado como resultado una profunda aspiración a una condición diferente y un gran deseo de estar libre y exento del ciclo de las encarnaciones.

El deseo de libertad constituye la segunda modificación del principio pensante. El Aspirante va entonces a aprender a liberarse de todas las limitaciones conocidas. Esta etapa es la más larga.

III. EL DESEO DE FELICIDAD

El impulso de la evolución siempre se da por un *conocimiento* innato de la felicidad. Es el conocimiento del Jardín del Edén, del Paraíso Perdido. Este conocimiento está inscrito en nosotros, en el plano celular e impregna nuestras memorias. Provoca permanentemente una inquietud y una necesidad impulsiva de cambio; esta inquietud y esta necesidad de cambio causan el progreso y la actividad.

Esta inquietud está unida a un vago recuerdo proveniente de una época de felicidad y de dicha. Hay que recuperar este estado para poder volver a encontrar la paz.

Por lo tanto el deseo de felicidad constituye la tercera modificación del principio pensante. Es la etapa donde la conciencia se convierte en la verdadera conciencia espiritual, la que está centrada en el alma, la que se separa completamente de la Personalidad o del ego. Entonces tomamos conciencia de la naturaleza del Cristo, que es paz, amor y verdad.

IV. EL DESEO DE CUMPLIR CON SU DEBER

Las tres etapas anteriores nos condujeron a un estado de descontento generalizado. Ya nada nos da una alegría o una paz verdaderas. Habiendo agotado toda posibilidad de búsqueda de alegría personal, empezamos a expandir nuestro horizonte y a buscar donde podemos encontrar la felicidad.

Empezamos a buscar la felicidad en el cumplimiento de las obligaciones hacia nuestra familia, nuestro entorno y con los que entramos en contacto. Se trata aquí del inicio de una vida de servicio que nos lleva a comprender lo que significa la conciencia de grupo. Es la primera indicación del despertar del principio Crístico.

El deseo de cumplir con su deber constituye entonces la cuarta modificación del principio pensante. Es la etapa en la que el Discípulo elimina su karma y observa la Ley. Se convierte en un Maestro en potencia y, por esto, un defensor de la Ley.

V. LA TRISTEZA

Entre más se refina el vehículo físico, más se sensibiliza el sistema nervioso a la dualidad de pena-placer. Nuestra aptitud para sentir la tristeza o la alegría crecen de una manera notable. Nuestro sentido de los valores se vuelve tan agudo y nuestro cuerpo tan sensible que sufrimos mucho más que el hombre medio. Por otra parte, cada vez reaccionamos más rápido a los contactos exteriores y nuestra capacidad para el sufrimiento físico o emotivo crecen en una gran proporción. Todo esto se debe al desarrollo y al refinamiento de nuestro cuerpo astral.

Por lo tanto la tristeza constituye la quinta modificación del principio pensante. Es la etapa donde se realiza el dominio absoluto de la mente. Entonces, sólo el Discípulo puede conocer la verdadera iluminación. La Iluminación obtenida disipa la tristeza que es la quinta modificación. Las dualidades ya no se pelean.

VI. EL TEMOR

Al desarrollarse rápidamente el cuerpo mental, el resultado es que empieza a manifestarse el temor. Estos temores que afectan la mente están basados en la memoria, la imaginación, la anticipación y la capacidad de visualización. Son difíciles de superar, estos no pueden ser dominados más que por el alma.

Por lo tanto el temor constituye la sexta modificación del principio pensante. Es la etapa donde el Discípulo se da cuenta que la materia no tiene ningún poder sobre él. Entonces se elimina el temor, se supera la sexta modificación y es substituida por una percepción de la verdadera naturaleza de la divinidad y un estado perfecto de felicidad.

VII. LA DUDA

El hombre que duda, duda de todo. Duda de sí mismo como juez de su especie y de sus semejantes en cuanto a su naturaleza y a sus reacciones. Duda de Dios o de las grandes enseñanzas. Duda de la misma naturaleza, lo que lo lleva a constantes investigaciones científicas. Finalmente, termina por dudar de la mente y a preguntarse si no se está volviendo loco.

Cuando vuelve a poner en tela de juicio lo mental, prácticamente ha agotado la totalidad de sus recursos en el plano Material. Es la última etapa, la de la plena y total conciencia de sí mismo. El Iniciado puede decir: "Yo soy el que soy". Se reconoce siendo Uno con el Todo. La duda ya no tiene poder. Surge la Iluminación completa y lo inunda totalmente.

XIII – LA MEDITACIÓN Y LOS CINCO MÉTODOS

La Tradición nos enseña cinco métodos que están a nuestra disposición para tener acceso a la Iluminación.

PRIMER MÉTODO: LOS MANDAMIENTOS

Estos mandamientos corresponden a los Diez Mandamientos de la Biblia. Están relacionados con la inocuidad, la verdad, la abstención de robo y de avaricia, la ausencia de deseo y la conducta justa; forman la base de toda ley verdadera.

Estos mandamientos apuntan hacia el cumplimiento conveniente de nuestras obligaciones (dharma) en el lugar, el medio y el entorno que elegimos en el momento de nuestra encarnación. El respeto de estos *mandamientos* nos coloca en un contexto favorable para la meditación.

SEGUNDO MÉTODO: LAS REGLAS

Las reglas rigen la vida del ego y forman la base del carácter. Éstas comprenden:

- la purificación interna y externa
- la satisfacción
- la aspiración fervorosa
- la lectura espiritual
- la devoción.

TERCER MÉTODO: LA POSTURA

La postura que se adopta para la meditación debe ser estable, debe ser fácil de mantener y debe ser cómoda.

CUARTO MÉTODO: EL PRANAYAMA

Se trata del dominio de la respiración, el prana. Esta técnica permite la oxigenación de la sangre, la sincronización del cuerpo físico y del cuerpo etérico en el plano vibratorio y la transmisión de la energía a todas las partes del cuerpo físico, por medio del cuerpo etérico.

QUINTO MÉTODO: LA TRANSFERENCIA

La transferencia es el dominio de los sentidos por el principio pensante. Los cinco sentidos son dominados por la mente y la percepción del aspirante está completamente concentrada en la cabeza.

La siguiente etapa consiste en transferir la conciencia al Chakra Coronario, a hacerla que pase después al cuerpo astral y finalmente al cuerpo mental.

Capítulo XIV

El Chakra Coronario
EL REGRESO A LA CASA, LA RE-CONEXIÓN
CON LO DIVINO

I – DEFINICIÓN Y FUNCIONES

Chakra *Sahasrara*

Palabra de poder: "Yo soy el Cordero de Dios".

"Para crear en su persona los dos en un solo hombre nuevo".

Sahasrara significa en sánscrito, el "Loto de los Mil Pétalos".

El Chakra Coronario es el centro de realización del Yo. Por la armonización del Chakra Coronario, percibimos la unión divina. El Chakra Coronario es el contacto supremo con Dios, pero no sólo es el contacto; es la unión con Dios. No se trata aquí de una unión abstracta, intelectual o filosófica, sino más bien de una unión vibratoria, física. Va a hacernos sentir la unión con Dios en el plano físico, en la más mínima de nuestras células a través de una vibración celular.

EL CHAKRA CORONARIO, UNA
EXPERIENCIA INDIVIDUAL

Es sumamente difícil expresar algo sobre esta experiencia y esta sensación, porque al respecto me encuentro en una situación delicada. Hasta ahora, pude expresar una experiencia y una sensación personales con respecto a los Chakras, mi camino de vida me permitió experimentar e integrar cada una de las etapas. Éstas correspondían a la vez a mi experiencia de desarrollo personal y a los casos "clínicos" que pude tratar como terapeuta.

Pero con el Chakra Coronario no me encuentro en la misma situación. No puedo transmitir mi vivencia personal ya que mi etapa evolutiva actualmente corresponde a una energía ubicada en la frecuencia del Chakra Frontal. Todavía estoy en el paso de la energía entre el Chakra Frontal y el Chakra Coronario. Por lo tanto no puedo transmitir más que ciertas intuiciones que todavía no he experimentado personalmente en el plano físico.

El contacto con Dios es una experiencia individual y personal, ya que cada uno de nosotros es una materialización del Espíritu de Dios. Cada uno de nosotros, y esto algunas veces es difícil de aceptar según las circunstancias de la vida, es una materialización de una de las infinitas experiencias que Dios ha decidido vivir en uno de sus innumerables planos de existencia que se llama "Materia".

Entonces es inútil hablar ya que cada uno vivirá esta experiencia, en un momento dado en su camino, de una manera Única y en una relación favorecida con Dios que no le pertenecerá más que a él.

EL CHAKRA CORONARIO Y LA UNIDAD

Ahí radica la gran paradoja de la Dualidad. Esta experiencia le pertenece a cada uno de nosotros y sin embargo al mismo tiempo es una manifestación de la Unidad. En efecto, cada vez que una persona vive esta experiencia de la Unión con Dios, cada uno de nosotros vive también la misma experiencia.

Las palabras "Único" y "Unidad" tienen la misma raíz etimológica: la palabra "un". El Chakra Coronario es "un". Por este centro vamos a volver a encontrar a la Divinidad, a volver a ser "uno" con el Todo. Todo en el Uno; es decir que vamos a regresar a la Unidad perdiendo nuestras dualidades. Dicho de otro modo, vamos a *re*armonizar nuestras polaridades masculina y femenina, de modo que pongamos nuestro ser vibratorio en la misma frecuencia que el arquetipo del Padre Divino y de la Madre Divina.

Habrán comprendido que las energías del conjunto de los Chakras están contenidas en la energía del Chakra Coronario. Por ello su armonización pasa por la armonización de los Chakras precedentes, es decir por la integración de su energía, efectuada por la compensación de la problemática asociada con cada uno.

Una vez que hayamos llegado a esta etapa de nuestra evolución, podemos unir en nosotros estas dos Vibraciones Divinas y hacer que nazca de este Matrimonio Místico el Hijo, es decir el Cristo Interno.

La armonización de la energía del Chakra Coronario va a corresponder a la vitalización, a "la saturación" de la totalidad de nuestro ser por la energía del Cristo. Entonces el Hijo será Uno con el Padre. En este momento, gran parte de nuestro ciclo de encarnación se termina. Entramos en la fase final, la que nos llevará a la liberación del ciclo de encarnaciones, a lo que llamamos en la Tradición la "Realización".

Por consiguiente este capítulo estará dedicado a la explicación de la problemática asociada a la energía de este Chakra y a intentar definir con cuál virtud, con cuál conscientización podemos avanzar en el camino de *"Regreso a casa"*, tal como la parábola del hijo pródigo que regresa a la casa del padre.

EL CHAKRA CORONARIO Y LA LIBERACIÓN DEL PLANO "MATERIAL"

El Chakra Coronario corresponde al paso de la Tercera Iniciación, por la que pasamos del amor de los demás al amor de Dios.

Retomemos al respecto, la analogía sobre el funcionamiento del espectro de los colores, que ya utilizamos cuando estudiamos el Chakra Base.

En el momento de la encarnación, incorporamos nuestro vehículo físico (nuestro cuerpo físico) por el paso del infrarrojo al rojo.

Con el Chakra Coronario, pasamos del violeta al ultravioleta, es decir de la incorporación a la descorporización. Es el paso a otros planos, el paso al otro lado, o la muerte. Claro, no es forzosamente una muerte física, sino que por el Chakra Coronario vamos a poder liberarnos del dominio de la Materia.

Por lo tanto la templanza del Chakra Coronario debe empezar por un trabajo de liberación del plano material. No se trata aquí de negar el plano material, ya que debemos pasar primero por una armonización de los otros seis Chakras y especialmente del Chakra Base. Tenemos que haber integrado la Materia para poder separarnos, que se efectuará por la energía del Chakra Coronario.

El Chakra Coronario nos va a enseñar, antes que nada, que cada uno es responsable de su propio destino, que tiene la posibilidad de cambiar su vida y de ponerla en armonía con las Leyes Universales.

Por consiguiente la templanza del Chakra Coronario es un trabajo de liberación del plano material. Esta templanza consiste en ser capaces de separarnos del mundo, de separarnos de una situación material y de evolucionar libremente en relación con una situación dada. Entonces podemos tener acceso a la libertad, a la liberación con respecto a las cosas, a las personas y a las situaciones. Así desarrollamos la facultad de ajustarnos a las diversas situaciones, aunque éstas no nos correspondan. De hecho, por analogía, desarrollamos la capacidad para trabajar y evolucionar, ajustando los diferentes elementos que nos componen.

EL CHAKRA CORONARIO, CLAVE DE LA COMPRENSIÓN DEL UNIVERSO

Con el desarrollo del Chakra Frontal, entramos en contacto con el Plano Divino. Éste nos "da vida interiormente" y nos permite seguir nuestra marcha siendo insensibles e impermeables a las tentaciones y a las influencias exteriores.

Al poner en su lugar la energía del Chakra Coronario, desarrollamos la facultad para rectificar todos nuestros componentes con

respecto al Plano Divino. Comprendemos y no sólo comprendemos, sino que sentimos en nuestro cuerpo que cada elemento que
nos compone, la más mínima de nuestras células, la más mínima
de nuestras moléculas es una réplica holográfica del conjunto del
Universo. La más mínima partícula de nuestro ser es la manifestación del conjunto de Leyes Universales. **Las Tablas de la Ley
están en nosotros y nosotros somos las Tablas de la Ley.**
Al poner en su lugar la energía de este Chakra, creamos la alianza
entre Dios y la Materia; es decir que aprendemos a ser mejores
puentes entre el Cielo y la Tierra. Es el matrimonio entre nosotros
(nuestro ser físico, la materia) y los planos invisibles.

El Chakra Coronario está en relación con el plano átmico, que
es el plano del Espíritu Divino. En el simbolismo, el Chakra Coronario está representado por la Montaña.

La Montaña es el lugar de comunicación con Dios. El Cristo
fue crucificado en el Gólgota. Esta palabra significa, en Hebreo,
"el lugar del cráneo". El lugar del cráneo, es la ubicación física del
Chakra Coronario.

EL CHAKRA CORONARIO Y
LA VOLUNTAD DEL PADRE

El desarrollo del Chakra Coronario pasa en primer lugar por la
voluntad de desarrollar una virtud, siendo el objetivo buscado, convertirnos voluntarios en todas las circunstancias. Esto significa que
no le damos a nada ni a nadie el derecho de manipularnos. No nos
permitimos encontrarnos en una situación *involuntaria*. Nuestro
deber más sagrado es pasar a los movimientos voluntarios.

¡Atención! Esta voluntad no es la voluntad del Chakra Solar, la
del ego, de los deseos, de las emociones, de la voluntad de la fuerza o del poder. Es la *voluntad soberana*, la voluntad del Espíritu,
la voluntad del Padre.

Tenemos la tendencia a retractarnos y a rechazar este concepto
de la Voluntad del Padre, porque para nosotros es sinónimo de
molestia, de autoridad no comprendida o mal comprendida. Esta

reacción es el resultado de dos mil años de Tradición Judeocristiana, donde se percibía al Padre como una entidad terrible que castiga a los culpables, que somos todos desde nuestro nacimiento, portadores del pecado original, enviándonos al Infierno o al Paraíso después del "peso" de nuestras acciones.

Es primordial que nos liberemos de estas imágenes culturales que están tan profundamente impresas en nuestras memorias celulares. Hasta si declaramos que somos ateos, tenemos que reconocer que nuestros padres, nuestros bisabuelos o alguno de los miembros de nuestra línea genealógica han sido educados en esta Tradición. Por lo tanto todos los miembros de la cultura occidental poseen esta grabación genética que deforma profundamente su percepción de lo que es el Padre.

La autoridad del Padre, la Voluntad del Padre, no puede ser una molestia, porque es la nuestra. Hemos comprendido en el transcurso de nuestro estudio que somos una "manifestación del Padre". La Voluntad del Padre es la nuestra ya que somos el Padre.

Por consiguiente se trata de la expresión de una Voluntad Superior que no es la del Chakra Solar, sino la de una vibración superior que está en armonía con las Leyes Universales. Es la expresión de nuestro Espíritu Divino, del Espíritu Divino de la Voluntad del Padre.

Por eso, la templanza del Chakra Coronario es desarrollar nuestro camino interno sin dejarnos influir por los elementos exteriores. Nos comprometemos en el camino, en el sendero y nos quedamos en el exterior pase lo que pase, diga lo que diga nuestro entorno, cualesquiera que sean las consecuencias.

Este recorrido posee un factor profundo de estabilidad, ya que en la estabilidad de una decisión o de una voluntad que se expresa, podemos convertirnos en los "transmisores" del Plan Cósmico en el plano Material.

Nos volvemos los **HIJOS DE LA LUZ**. Volverse un Hijo de la Luz, es permitir que las Leyes Cósmicas se expresen en nosotros a través del Yo. La energía del Chakra Coronario permite entonces vivir el adagio: *"Que se haga tu Voluntad"*. La Voluntad del Espíritu, de este Maestro Interior que jamás se impondrá.

El libre albedrío también es una Ley Cósmica. Tendremos la elección de decir no, comprendiendo bien que al decir no a nuestro Yo Superior, despertamos en nosotros grandes fuerzas de dualidad que ocasionan sufrimiento y prolongación de nuestro ciclo de encarnaciones. Esta puede ser nuestra elección, aceptada libremente para tener, durante cierto tiempo, la experiencia de diferentes formas de dualidades y de conciencia, para querer recuperar un día la Casa del Padre, es decir nuestra Identidad Divina.

La gran fuerza de autoridad que sostiene la idea de la Voluntad del Padre nos enseña una lección: la de la obediencia. Obedecer, es decir sí a las cosas insignificantes reconociendo al Maestro Interno. Es someternos a las múltiples intuiciones y percepciones que nos da este Maestro Interno, sin usar la facultad de razonamiento de nuestro ego.

EL CHAKRA CORONARIO
Y EL PODER PARA GOBERNAR

En esta etapa de nuestra evolución, obtenemos el poder para gobernar. El poder para gobernar al nivel de nosotros mismos, primero, para aprender a *dominarnos*, para conocer el poder sobre nosotros mismos. Pero después, el poder para gobernar al nivel de las intuiciones, es decir el poder para transmitir la Voluntad de Dios en el Plano Terrestre.

Por otra parte es la gran paradoja de las instituciones que creamos al elegir hombres para la presidencia de la República o la Asamblea Nacional por ejemplo, hombres regidos principalmente por su voluntad personal, por la voluntad del ego y de la fuerza, mientras deberían expresar la Voluntad del Padre. Entonces podemos comprender por qué es tan difícil que estas instituciones lleguen a satisfacer nuestras necesidades profundas y por qué su funcionamiento no se orienta hacia la armonización de la humanidad.

Gobernar, es estar en Unión con el Padre. Esta Unión pasa por la conformación de nuestra Voluntad a la de lo Universal, de lo Cósmico, de lo Divino.

¿Entonces cómo vamos a poder determinar si expresamos la voluntad del ego o la del Padre? Al respecto, existe un patrón universal, una regla muy simple, una Ley que en su infinita simplicidad, muestra la omnisciencia del Padre: el Amor. El ejercicio de la autoridad debe hacerse en el Amor. Si ésta se hace en el Amor, es la expresión de la Voluntad Divina. Si ese no es el caso, es el resultado de la voluntad del ego.

Ahora comprendemos mejor por qué la armonización del Chakra Coronario pasa por la del Chakra Cardiaco.

Volvemos a encontrar ahí toda la problemática del Chakra Cardiaco, pero a un nivel vibratorio diferente. Todo lo que no se haya comprendido en el momento de este Paso, nos será devuelto y se nos volverá a pedir el trabajo en el Chakra Cardiaco para llegar a una armonización de la energía del Chakra Coronario.

La desarmonía del Chakra Coronario algunas veces va a causar problemas en el nivel del sistema nervioso voluntario. Igualmente puede producirse un absceso o tumores en el cerebro si expresamos nuestra voluntad personal en vez de la Voluntad Divina. Asimismo, puede haber cánceres, que son la manifestación de los mecanismos de anarquía celular, estando relacionados los cánceres con la desobediencia o con el hecho de suscribirnos a cosas contradictorias. Es la falta de respeto a las Leyes Universales.

En el plano endocrino, el Chakra Coronario corresponde a la glándula pineal, o epífisis, una glándula mal conocida actualmente. La ciencia desde hace mucho tiempo ha considerado la glándula pineal como una glándula en vía de atrofia, una glándula en vía de desaparición. De hecho, es una glándula en vía de desarrollo que permite la encarnación de la Voluntad del Espíritu en el hombre. Ciertamente pocas personas han llegado a esta etapa. Por lo tanto parece normal que la ciencia desde hace mucho tiempo haya considerado la glándula pineal como una glándula atrofiada.

CUALIDADES Y DEFECTOS ASOCIADOS
AL CHAKRA CORONARIO

Los defectos asociados a un funcionamiento inarmónico o a una disfunción del Chakra Coronario son:

- espíritu de dominación y autoridad sin amor
- cólera
- ambición
- orgullo
- deseo de imponer su voluntad, su visión de las cosas
- lástima a sí mismo.

Las cualidades a desarrollar son:

- ternura
- paciencia.

II – ELEMENTO CORRESPONDIENTE
AL CHAKRA CORONARIO

Como fue el caso con el Chakra Frontal, el Chakra Coronario no tiene una correspondencia "tangible" con los elementos. Aquí nos encontramos en otro tipo de percepción.

III – NÚMERO ASOCIADO AL CHAKRA
CORONARIO: EL NÚMERO 7

El Número 7 es el Número de la Iniciación. Es el símbolo de los siete cielos, de las siete jerarquías angélicas, de la totalidad de las órdenes planetarias y angélicas, de la totalidad de las moradas celestes, de la totalidad del orden moral y de las energías. También representa la totalidad del espacio y del tiempo, la totalidad del universo en movimiento.

Para Clemente de Alejandría, el Número 7 es el número secreto, símbolo del retorno al centro, al Principio. Es la clave del Apocalipsis de San Juan. También es el número de los cielos Búdicos, de las esferas planetarias, de los colores de la escalera de Buda y el que le corresponde al número de escalones de la escalera de los Kadosh. En su nacimiento, Buda, digamos, midió el universo dando siete pasos hacia cada una de las cuatro direcciones.

El Número 7 es el número de los estados espirituales que permiten el paso de la Materia al Espíritu (energía de los Chakras). Este número tiene un poder, que será por la energía de transformación que augura. Igualmente tiene una idea de ansiedad enlazada a este número, ya que indica el paso de lo conocido a lo desconocido, de lo tangible a lo intangible.

El Número 7 es el número de la perfección. Los Dogon consideraron este número como el símbolo de la unión de las dualidades, por lo tanto el símbolo de la unidad y la perfección, de la unión de los dos sexos. Es el símbolo de la fecundación.

También es el símbolo del Maestro de la Palabra que tiene el poder del Verbo. El Número 7 es el símbolo del hombre realizado convirtiéndose en el Andrógino Divino.

En los cuentos de hadas, el Número 7 simboliza los siete grados de evolución de la conciencia: conciencia del cuerpo físico, conciencia de la emoción, conciencia de la inteligencia, conciencia de la intuición, conciencia de la espiritualidad, conciencia de la voluntad y conciencia de la vida. Por consiguiente es el número de la conciencia, de la Luz, de la meditación.

Igualmente es el número de la introspección, del conocimiento, de la filosofía y de la sabiduría, al mismo tiempo que del aislamiento y de la soledad.

El Número 7 es el número del arco iris. Une la materia al espíritu, lo de arriba con lo de abajo. Es el número del Iniciado, del Maestro y del Sabio, el número del poder universal, de la soledad para meditar.

PALABRAS CLAVE ASOCIADAS AL NÚMERO 7

Sabiduría;
Filosofía, Religión;

Reunir;
Espiritualidad;
Vida interior;
Fe, Misterio;
Soledad, Estudio;
Búsqueda, Conocimiento;
Cultura;
Iniciado.

IV – COLOR CORRESPONDIENTE AL CHAKRA CORONARIO: EL VIOLETA

El color violeta simboliza el misterio. Detrás de éste se va a realizar el misterio de la reencarnación o de la transmutación. Es el símbolo de la obediencia y de la sumisión, pero también de la templanza y de la tranquilidad.

El violeta es el color de la Conciencia Cósmica. Se trata del color menos material ya que en el espectro vibratorio de los colores, después de éste encontramos el ultravioleta, que es invisible a simple vista.

El violeta simboliza el paso al principio del Padre Divino por el abandono de la personalidad. Es por eso que los sacerdotes Católicos llevan este color. También es el color de la Gran Iniciación. Escapa al razonamiento y su verdad pasa por la experiencia vivida.

V – ELEMENTOS PSICOLÓGICOS ASOCIADOS AL CHAKRA CORONARIO

EL FUNCIONAMIENTO ARMÓNICO DEL CHAKRA CORONARIO

Con un funcionamiento armónico del Chakra Coronario, se logra el estado de Unidad con el Universo. Entonces estamos totalmente conscientes de nosotros mismos y de nuestro entorno. Nuestra conciencia es total, tanto de día como de noche y en todas las circunstancias conservamos la memoria de los sucesos, lo que nos permite volver a equilibrar rápidamente nuestro karma y sobre todo no crear nuevo.

Nos convertimos en la encarnación consciente de Dios y manifestamos su omnisciencia, su omnipotencia y su omnipresencia en la Tierra. Dominamos la fuerza del Kundalini y la dirigimos transformándola en fuerza creadora para la humanidad. Por ello tenemos el poder sobre la materia y el espíritu y podemos hacer materializaciones o milagros.

Sentimos la inexistencia de la dualidad, de la "separatividad" entre nuestro ser interno y nuestra vida exterior, entre nuestro ser interno y Dios. Sentimos y vivimos el Cristo en nosotros. Nuestra conciencia está calmada, abierta y sin temor.

EL FUNCIONAMIENTO INARMÓNICO
DEL CHAKRA CORONARIO

Un funcionamiento inarmónico del Chakra Coronario muchas veces nos pone en un estado de conciencia que es fruto de un trabajo de despertar del Chakra Coronario, pero sin haber realizado un trabajo de armonización de los otros Chakras.

La energía que se manifiesta en este nivel de conciencia entonces es utilizada para imponer nuestra voluntad y manipular a los demás.

Es el caso de los *gurús*, de las *sectas* que habiendo adquirido poderes psíquicos y magnéticos considerables, los utilizan para someter a sus "fieles" con fines puramente personales.

Entonces, la persona afectada de este modo por una desarmonía del Chakra Coronario pretende someter a los demás a su propia voluntad y a transformar la imagen que se hacen de ellos mismos. Pretende substituir al Padre Divino.

LA DISFUNCIÓN DEL CHAKRA CORONARIO

Cuando estamos afectados por una disfunción del Chakra Coronario, no somos más que incertidumbre. No tenemos confianza en nada ni en nadie y sobre todo en nosotros mismos.

Vivimos en la ausencia de una meta precisa y la vida nos parece sin fundamento. Nos damos cuenta de lo absurdo de nuestra vida, pero no podemos hacer nada. Nos refugiamos entonces en un aumento de nuevas actividades y responsabilidades, queriendo sustraernos a esta absurdidad y sobre todo ocultarnos a nosotros mismos nuestro temor a la muerte.

VI – GLÁNDULA ENDOCRINA ASOCIADA AL CHAKRA CORONARIO: LA EPÍFISIS

Todavía conocemos muy pocas cosas de la epífisis, o glándula pineal. Sin embargo, ha sido objeto de muchas atenciones desde la más remota Antigüedad. Descartes pensaba que era el asiento del alma racional y las investigaciones modernas han permitido determinar que le proveía al hombre las condiciones luminosas exteriores.

Pero la epífisis tiene otra función. Se ubica en un conducto hueco situado en el centro de la cabeza, que es un punto de resonancia excelente para cualquier vibración. Mantiene una relación con el fluido cerebro-espinal, pero también con todos los ritmos corporales. De ahí, a pensar que la epífisis podría estar en resonancia con el conjunto de ritmos del Universo, no hay más que dar un paso y este hecho quizá sea evidente en algunos años.

Por otra parte, la presencia de una multitud de otras hormonas representativas de las glándulas endocrinas lleva a la hipótesis de una resonancia molecular con el conjunto del cuerpo humano. Por lo tanto la epífisis podría ser el canal de los ritmos energéticos, convirtiéndose en ritmos corporales, que influirán en todo nuestro metabolismo, de acuerdo con las vibraciones "recibidas" del Universo. Una especie de "antena" o de "radar" así como un "transformador".

VI – ASPECTOS FÍSICOS ASOCIADOS AL FUNCIONAMIENTO DEL CHAKRA CORONARIO

Un funcionamiento inarmónico o una disfunción del Chakra Coronario puede llevar a los siguientes problemas:

– esquizofrenia

- sentimiento de "disociación"
- "materialismo" desenfrenado
- impresión de irrealidad
- ciertos movimientos de los huesos craneales asociados a las modificaciones energéticas
- dolores de cabeza
- depresión
- temor a la muerte

VIII – ÁNGEL ASOCIADO AL CHAKRA CORONARIO: HAHASIAH
"Secreto de Dios"

La función principal de este Elohim es sensibilizar al ser humano a la experiencia del amor, del estetismo y de la belleza.

La energía y el poder del Ángel Hahasiah suscitan, en el hombre, un amor lleno de sentimientos sinceros y auténticos, un amor caracterizado por un gozo profundo. Este amor basado en la confianza, la transparencia y la autenticidad, indica una apertura total de sí mismo. El ser humano va tomando poco a poco conciencia de la presencia de la Divinidad en el fondo de cada uno. Le confía a Dios cualquier circunstancia de la vida, incluso las más penosas. Se vuelve capaz de desprenderse del mundo y de adaptarse a todas las circunstancias de la vida cotidiana.

El Ángel Hahasiah ayuda a reformar a las personas que tengan un sentimiento de pretensión o un deseo de aparentar, una tendencia a los excesos o al disfrute. Asimismo ayuda a los que manifiestan celos y desconfianza. La esencia del Ángel Hahasiah se llama "Medicina Universal". Este ángel es la fuente de "Luz", lo que es de hecho la capacidad para comprender. Da la sanación definitiva, permitiéndonos comprender la causa del mal y dándonos los medios para extirparla.

El Ángel Hahasiah actúa sobre la nivelación de las causas y elimina el karma. Nos permite elevar nuestra alma, contemplar las cosas divinas y descubrir los misterios de la Antigua Sabiduría.

IX – MEDITACIÓN EN EL COLOR Y EL SONIDO ASOCIADOS AL CHAKRA CORONARIO

Siéntense cómodamente...

La espalda recta, los hombros sueltos. Relajen todas las tensiones en los hombros, en el cuello...

Los pies bien planos en el suelo, las manos colocadas sobre las rodillas, las palmas volteadas hacia el cielo...

Cierren los ojos y respiren profundamente dos o tres veces...

...

Ahora dirijan su atención a su respiración...

Simplemente percíbanla...

Obsérvenla...

Observen simplemente el movimiento del aire en los pulmones...

...

Ahora dirijan suavemente su atención a las hendiduras de las palmas de sus manos...

Simplemente percíbanlas...

Obsérvenlas...

Quizás sientan un hormigueo, una picazón...

Obsérvenlos simplemente...

...

Ahora dirijan suavemente su atención a las hendiduras de las plantas de sus pies...

Percíbanlas simplemente...

Obsérvenlas...

...

Ahora dirijan suavemente su atención al nivel de la parte superior de su cráneo...

Ahí, arriba de su cabeza, sienten la presencia de sus cabellos...

Conténtense con observar...

Y todavía observando simplemente esta zona, eleven su corazón, eleven sus pensamientos hacia su Compañero de Luz...

Pídanle que les ayude a abrir su conciencia en este centro de energía...

Quizás se van a sentir rodeados de un capullo que envuelve su cuerpo...

Quizás también van a percibir zonas de Luz más o menos violetas, malvas...

Conténtense con observar...

...

Conserven su atención en la parte superior de su cráneo...

...

Imaginen que en este sitio, en la parte superior de su cráneo, simplemente se encuentra una copa. Una copa llena de agua. El cáliz. No importa cuál sea su forma. Una copa llena de agua...

Conserven su atención en este nivel...

...

Nuevamente, pídanle a su Compañero de Luz que les ayude a abrir su conciencia en este centro superior...

...

Conserven su atención enfocada en este sitio...

...

Percíbanse totalmente rodeados de Luz Blanca, cálida, suave, viva, que los envuelve...

...

Su Compañero de Luz va a provocar un desdoblamiento muy ligero, con el fin de que sean más sensibles a todas estas percepciones sutiles...

...

Esto les va a dar la impresión de ser más grandes que su cuerpo, de ser más pesados que su cuerpo...

Déjense ir...

...

No detengan las imágenes y los pensamientos que se presentan a su espíritu...

...

Van a empezar a sentir poco a poco, progresivamente, que esta Luz Blanca que los envuelve, que los invade poco a poco es Amor...

...

Este tipo de presencia que pueden percibir puede ser muy fugaz, muy rápida. Eso no tiene importancia...

...

Sigan pidiendo la ayuda de su Compañero de Luz...

...

Conserven su atención en esta copa, en la parte superior de su cráneo, llena de agua...

...

Perciban cómo este líquido transparente, luminoso, en esta copa, empieza a desbordarse y a inundarlos con miles de escamas luminosas que descienden sobre ustedes en cascada...

Déjense...

Déjense invadir por esta sensación...

Déjense llevar...

...

Perciban que, en este torrente luminoso, que se derrama sobre ustedes, se encuentran rayos, filamentos rosa pálido, otros azul claro. Todo esto se mezcla armoniosamente...

Se derraman sobre ustedes sin cesar...

Déjense ir...

Más tiempo...

Más espacio...

Solamente Luz Blanca...

Amor luminoso, centelleante...

Paz y calma...

...

Unidos al Infinito...

En este universo luminoso, blanco, rosa, azul, empiezan a percibir alrededor de ustedes la sensación de una vibración muy particular, una presencia sin forma...

Conténtense con observar...

Siéntanlo simplemente...

...

Ahora lleven su atención, su observación al nivel de la parte superior de su cráneo...

...

Obsérvenlo simplemente...

...

Dense cuenta que la parte superior de su cráneo está viva, abierta, dejando pasar esta Luz blanca, rosa, azul, luminosa, viva...

...

Y que esto los une a todo el Universo...
    A todo lo que es...
    Calma...
    Serenidad...
    Armonía sin mezclarse...
    Dulzura...

...

Déjense llevar...

...

Mentalmente, observen el espacio, siéntanlo, transparente, azul, rosa pálido, con movimiento, vivo...

...

Una presencia está cerca de ustedes...
    Junto a ustedes, luminosa, armoniosa, llena de calor, llena de amor, sin condición, universal...

...

Lleven su atención a la parte superior de su cráneo...

...

Observen...
    Sientan...

...

Ahora imaginen, conservando su atención al nivel de la parte superior del cráneo, que son esta copa por completo, es decir que su cuerpo está lleno de agua...

Líquida, transparente...

...

Tomen conciencia que son esta copa...

Completamente, totalmente y que este líquido transparente, luminoso se desborda y los baña, los invade con millones de escamas luminosas...

Este líquido se vierte sobre ustedes, en ustedes...

Que son esta agua...

Que son esta cascada, sin forma, simplemente agua, un elemento vivo...

Déjense invadir...

Observen esta sensación...

Agua...

Totalmente...

Completamente...

Que corre en todas direcciones, en todos los sentidos...

...

Ahora, dirijan su atención al nivel de sus pies...

...

Observen el contacto de sus pies con el suelo...

Y todo el tiempo esta agua que se derrama sobre ustedes...

Luminosa...

Transparente...

Viva...

...

Y esta agua, que es ustedes, penetra en la tierra...

La regenera.

Déjense penetrar en la tierra, densa...

Agua con la tierra...

...

Ahora dirijan su atención a la altura de la parte superior de su cráneo...

Observen...

...

Sucede que esta parte de su cráneo se vuelve azul, rosa, viva, como si la copa, que son ustedes, ahora está llena...

Llena de un fuego que quema desde hace mucho tiempo...

Y que este fuego se desborda y se derrama sobre ustedes...

Se derrama en miles de flamitas rojas, amarillas, azules, verdes...

Y que este fuego se derrama sobre la tierra...

...

La reanima, la nutre, la regenera, como la explosión de los fuegos artificiales...

Millones de flamitas de colores...

Observen su crepitar vivo que es ustedes...

...

Nuevamente dirijan su atención a la parte superior de su cráneo...

...

Observen...

Ahora sientan...

Su ser que se expande sin forma, en todas las direcciones, libre...

...

Observen este ser infinito y vivo que es ustedes...

Energía pura como el viento en las hojas de los árboles...

...

Observen que son la infinitud...

...

El pájaro en el cielo...

Ustedes mismos están en el pájaro...

El viento...

El fuego...

La lluvia que cae...

La Tierra sobre la que caminan...

El Sol que resplandece en los campos...

Los campos...

Las estrellas que brillan...

Dejen que se realice esta expansión...

Van a ver una esfera luminosa muy lejos de ustedes...

Se acercan teniendo conciencia que ustedes son todas las cosas, siendo todo ustedes...

...

Y cuando se acercan a esta esfera luminosa, conforme se acercan, ven más que se trata de una copa...

De un cáliz...

De una materia luminosa...

Caliente…

Observen simplemente…

Este cáliz que es ustedes mismos…

Se confunden con el Otro…

…

Déjense ir…

Déjense llevar…

…

Ya no hay tiempo…

Ni espacio…

Simplemente ser…

En todas las dimensiones…

Ser en todo lugar…

Ser en todas las formas que nacen…

Que existen…

Que mueren…

…

Nuevamente lleven su atención a la parte superior de su cráneo…

Pídanle nuevamente a su Compañero de Luz que los ayude…

…

Observen…

Sientan simplemente…

…

Obsérvense…

Sientan cómo se extiende su ser…

Perciban también la presencia de la asistencia de numerosos seres que no ven, invisibles pero reales…

Dejen que desfilen las imágenes...

Se graben los rostros...

Que penetre el amor simplemente...

...

Tomen conciencia que son ilimitados, sin fronteras, sin tabú ...

Qué temen...

Qué tienen que perder...

Observen siempre la parte superior de su cráneo...

...

Por primera vez, quisiera que pronuncien simplemente en su cabeza, conservando su atención dirigida a la parte superior de su cráneo...

Que pronuncien la palabra AUM...

Conservando su atención a la parte superior de su cráneo...

AUM ... AUM ... AUM ... AUM ... AUM ... AUM ... AUM ... AUM...

AUM ... AUM ... AUM...

...

Ahora, muy suavemente van a regresar a su estado de conciencia ordinario...

Y cuando lo deseen, abrirán los ojos...

Se estirarán...

Están AQUÍ...

Aquí y Ahora.

Capítulo XV

Conclusión

Hemos llegado al término de este viaje al país de la energía de los Chakras. Pienso que habrán comprendido, en el transcurso de esta obra, que lo que llamamos en nuestra civilización "enfermedad", "estrés", "temor", "mal-estar" no son más que el fruto y la imagen, en nuestra materialidad, de un desequilibrio en relación con las Fuerzas Cósmicas.

Un desequilibrio presupone su corolario, el equilibrio. Entonces está al alcance de cada uno de nosotros entrar en este trabajo de conscientización de las energías que nos rigen para alcanzar, en un momento de nuestro recorrido, el estado de armonía, de felicidad y de dicha.

Espero que esta obra les permita, como su experiencia vivida me permitió hacerlo, encontrar la dicha a la cual cada uno de ustedes aspira y tiene derecho.

Si les pude dar algunas claves, entonces habré triunfado en mi misión. De todas maneras estoy a su disposición para darles más información, si lo desean.

Les agradezco su paciencia y su perseverancia que los han llevado hasta esta última página.

¡Amor y Luz!

Daniel

279

Anexo 1

¿Qué es una escuela iniciática?

En la actualidad, prácticamente no hay ninguna escuela iniciática. Las razones son muy simples. Antes que nada, el paso de la Iniciación siempre ha sido un acto secreto, reservado a una elite de estudiantes, manteniendo una relación sumamente privilegiada con un Maestro o un Instructor. Por consiguiente las enseñanzas prácticamente no han sido divulgadas.

Por otra parte, la Iniciación le da al estudiante, por un lado las tareas y las obligaciones hacia el Plano Divino y el camino de su alma; por otro lado, los poderes, que de hecho no son más que la maestría de las fuerzas cuyo aprendizaje se hizo después de la instrucción.

Estos "poderes" muchas veces han sido desviados, en los siglos precedentes, especialmente por la práctica de la magia negra, al no tener todavía la humanidad un umbral de conciencia suficientemente elevado para hacer un buen uso. Se trata de una de las razones ocultas que explican la casi ausencia de las escuelas iniciáticas.

Hoy en día, la humanidad ha "*crecido*". Grandes fuerzas de Luz trabajan en el plano terrestre desde hace una treintena de años. Hemos podido constatar estos últimos años, a pesar de las "convulsiones" ocasionadas por sucesos difíciles, hasta qué punto las

Fuerzas de Luz se hacen cada vez más presentes, en todos los niveles de la sociedad.

Los estudiantes, cada vez más numerosos, logran hoy en día un estado de conciencia que los pone en contacto con las vibraciones de los grupos de trabajo de los Maestros de Sabiduría. Es el motivo por el cual ciertas escuelas iniciáticas empiezan a ver la luz del día en este fin de siglo.

La Tradición nos dice que "Cuando el estudiante está listo, el Instructor aparece".

En primer lugar, es importante definir la diferencia entre una escuela iniciática y una escuela esotérica.

Una escuela esotérica enseña las Leyes Cósmicas y le enseña al estudiante a armonizar su vida con la energía de estos arquetipos. Este aprendizaje se hace en el transcurso de un proceso progresivo de conscientización de estas energías y lleva al estudiante hacia lo que la Tradición llama el "Camino de la Luz".

A primera vista, la escuela iniciática no es muy diferente de una escuela esotérica. El aprendizaje de las Leyes Cósmicas es el mismo. La percepción de estas energías se hace progresivamente, todo como en la escuela esotérica. Sin embargo, existe una diferencia fundamental entre las dos. La escuela iniciática nos lleva, después de esta fase de aprendizaje, a una vida de servicio. Para hacerlo, se producirá, en un momento elegido por el Instructor, en función de la evolución de los trabajos y de las percepciones del estudiante, el paso de una o varias Iniciaciones.

Estas Iniciaciones, salidas de las Grandes Escuelas Iniciáticas Egipcias y Atlantes, son en cierto modo *un empujón energético*, un "paso" que permite atravesar más rápidamente un grado vibratorio. El estudiante se convierte en un Discípulo relacionado, en el momento de paso de la Iniciación, al grupo de un Maestro que sólo él conoce, en el plano astral. Emprende entonces un itinerario de servicio que lo llevará, algunas encarnaciones más adelante, al estado de un Ser Realizado.

Contrariamente a la escuela iniciática, existen numerosas escuelas esotéricas de tipo místico, metafísico, teosófico, rosacruz u oculto.

Estas órdenes se componen de grupos de personas que han emprendido un camino espiritual y que se encuentran reunidos alrededor de un Instructor o de un grupo de enseñanza.

Estas escuelas han jugado un papel importante atrayendo la atención de un gran público sobre la naturaleza de la "doctrina secreta", sobre la enseñanza esotérica y sobre la existencia de la Jerarquía. La existencia de esta *jerarquía* de Maestros de Sabiduría trabajando bajo la dirección de Cristo es ahora una información que empieza a difundirse ampliamente.

Las escuelas esotéricas se ocupan de promover sus conocimientos. Ciertos estudiantes se dan cuenta hoy en día que sus escuelas no han sido más que una preparación para un paso a otros planos de conciencia. Sin embargo, han sido de gran utilidad como precursoras de las verdaderas escuelas iniciáticas.

Una escuela iniciática es ante todo una escuela de entrenamiento físico, intelectual y espiritual, siendo llevado este trabajo simultáneamente en los tres planos:

– Físico: porque la preparación a la Iniciación consiste en una elevación progresiva de la frecuencia vibratoria en el plano celular. Sin esta transformación vibratoria, la Iniciación no puede pasar.
– Intelectual: porque esta elevación vibratoria, para que se *estabilice* en el plano físico, debe ir acompañada de una comprensión mental de los mecanismos asociados a este proceso.
– Espiritual: porque este itinerario no se puede hacer sin Amor y que el Amor de Dios es la única energía capaz de transmitir la Iniciación.

Este entrenamiento está totalmente exento de toda tendencia teológica o dogmática. Se relaciona con una vida vivida a través de los ideales más elevados y sobre todo a través de la experiencia personal del estudiante, del desarrollo de su "sensación" intuitiva permitiéndole poco a poco a convertirse en un Discípulo. La palabra "Discípulo" no tiene un sentido afiliado a ninguna religión, dogma o a cualquier organización. La definición iniciática de la palabra Discípulo es: "orientarse definitivamente hacia una vida de servicio".

La escuela iniciática se encarga de instruir Discípulos y prepararlos, como lo dice la Antigua Sabiduría, "para caminar en el Sendero del Discípulo" con el fin de entrar en contacto directo con los Maestros. Se trata entonces de un esfuerzo gradual y personal llevándonos hacia la vida de los ideales más elevados.

La escuela iniciática le enseña a los discípulos a trabajar conscientemente en los niveles espirituales, no en el plano intelectual, sino a través de la vida cotidiana. Aprende a actuar pero no desde el ego, sino desde el alma, por medio de una mente activa. Lo que se acentúa en el empleo justo de las energías y las fuerzas, en la sabiduría que resulta al poner en práctica los conocimientos, en el trabajo y en los planos de la Jerarquía.

La intuición del Discípulo está desarrollada y se convierte en el "Maestro Interno".

Es evidente que la entrada a una escuela iniciática constituye un compromiso profundo que tiene que ver con la vida cotidiana. Este compromiso no está hecho para los *tibios*, ni para las personas que no aceptan verse de frente o desean hacerse cargo.

El Discípulo adquiere la *lucidez* y la visión del porvenir. Avanza sin reparar en los obstáculos y actúa más y más útilmente hacia una reconstrucción de sus "cuerpos" y un servicio a la humanidad siempre mayor.

Anexo 2

¿Qué es seguir una enseñanza iniciática?

La enseñanza iniciática enseña lo que está detrás de la apariencia de las cosas y de los sucesos. Permite comprender las causas que determinan esta apariencia y los efectos que resultan. Entonces nos damos cuenta que el velo de los sucesos cotidianos disfraza el mundo de las causas.

Las palabras "sucesos", "causas", "efectos", etc., representan las energías que nos rigen, las fuerzas que están veladas por la apariencia de los sucesos exteriores, los Arquetipos que impregnan todos los elementos de nuestra vida.

Esta enseñanza pasa por un entrenamiento y una práctica física afinando las vibraciones del cuerpo, condición *indispensable* para ir conscientemente fuera del mundo *material* y comprender la trascendencia. Después se desarrolla una preparación para actuar como alma en los tres planos: físico, emocional y mental. Esta preparación permite conseguir un trabajo de colaboración con un Maestro o con el grupo de un Maestro, en los planos astral y etérico.

La enseñanza iniciática puede definirse según los siguientes criterios:

I – La enseñanza iniciática lleva la relación del alma con la personalidad (el ego). La primera labor del estudiante es llegar a un contacto consciente con su alma. Por ello debe aprender a conocerse y a vivir como alma consciente. También debe poder dominar y dirigir sus cuerpos físico, emocional y mental, para utilizarlos como medios de comunicación permanente con su ser espiritual interno.

II – La enseñanza iniciática es la extensión, en el mundo físico, del grupo interior de un Maestro de Sabiduría.

III – La enseñanza iniciática tiene como objetivo responder a las necesidades del mundo actual y servir espiritualmente:

- en el mundo físico: el Discípulo aprende a vivir espiritualmente en la vida cotidiana.
- en el mundo de la trascendencia: se le enseña al Discípulo el porqué y el cómo de las circunstancias y de los sucesos individuales o universales; el Discípulo actúa como intérprete de los sucesos y aprende a convertirse en un "portador de la Luz".
- en el mundo del alma: el Discípulo se vuelve un canal de Amor Divino, porque el alma es amor. Tiene el don de sanar.
- en el grupo de su Maestro: aprende a cooperar con la Jerarquía, según un plan que le será revelado gradualmente. Alcanza el conocimiento y así puede dirigir ciertas energías que determinan los sucesos mundiales. Bajo la inspiración del Maestro y de su grupo de Discípulos, le da a la humanidad indicaciones con respecto a la Jerarquía.

IV – La enseñanza iniciática prepara al Discípulo al trabajo del grupo. Le enseña a renunciar a sus planes personales en beneficio de los del grupo, sin perder nada de su identidad personal.

V – La enseñanza iniciática no está basada en la autoridad, ni en la existencia de la obediencia. La única autoridad que se reconoce es la de la verdad, percibida intuitivamente por el mismo Discípulo y sometida a su análisis mental y a su interpretación. La única obediencia que se le pide a un grupo de estudiantes consiste en aceptar una responsabilidad y una fidelidad comunes con respecto a los fines y a las intenciones de grupo, sugeridas por el Instructor pero elegidas por el grupo.

VI – La enseñanza iniciática creó un contexto en el cual el desarrollo completo del Discípulo recibe atención. La formación del carácter, la aspiración a la abnegación son considerados como algo necesario.

Las virtudes ordinarias –pureza de la vida física, amabilidad, buen humor, ausencia de afirmación de sí mismo– son consideradas como adquiridas, esenciales y siempre presentes. Su evolución libera los problemas personales del Discípulo y no del Instructor.

Pero se le concede mayor importancia al desarrollo mental, la cabeza y el corazón considerándolos de igual importancia y los dos de esencia divina.

La Jerarquía trabaja en los estados de conciencia de los hombres y los Discípulos son entrenados para trabajar en este sentido, para ellos mismos convertirse más adelante en Maestros de Sabiduría.

VII – La enseñanza iniciática es el medio por el cual el centro de la vida del Discípulo se convierte en el del alma. Los mundos físico, mental y emocional simplemente son campos de experimentación y de trabajo.

La enseñanza iniciática le enseña al Discípulo a trabajar únicamente en niveles espirituales y le muestra cómo llegar, cómo establecer el contacto con su alma, cómo vivir como alma, cómo reconocer a un Maestro y cómo trabajar en el grupo de un Maestro. El Discípulo aprende técnicas que le permiten registrar las impresiones recibidas del Maestro. Aprende cómo hacer su parte para elevar la conciencia de la humanidad.

El estudiante que ha pasado por la Iniciación se vuelve apto para cumplir el papel difícil y doble del Discípulo: vivir como alma en la vida cotidiana y trabajar conscientemente en relación con la Jerarquía.

Los principios de la
Escuela Atlantea
(ESCUELA INICIÁTICA)

Nos parece importante hablar de las ideas fundamentales y de los principios rectores que rigen la *Escuela Atlantea* para el momento que consideren entrar.

Eligieron emprender un ciclo de estudios y el éxito de su trabajo y de nuestra colaboración dependen de la comprensión y de la integración de estos principios rectores.

Están emprendiendo una tarea sumamente importante para la cual los preparó su vida y todas sus vidas anteriores y que, según todas las probabilidades, modificará su vida presente y cambiará profundamente sus hábitos. Será una tarea enorme.

La vibración actual de la humanidad corresponde a la frecuencia vibratoria de la Atlántida, en el momento en que una parte de los Sumos Sacerdotes había optado por las Fuerzas de la Obscuridad, con el resultado que todos conocemos. Por la similitud de la frecuencia vibratoria, la humanidad se encuentra actualmente colocada ante las mismas elecciones que antes, favoreciendo la emergencia de los conocimientos perfectamente integrados a la época, pero enterrados en nuestros recuerdos desde hace milenios.

Muchos Atlantes están reencarnando desde las primeras decenas de este siglo. Nos encontramos ante una alternativa, donde se nos proponen las mismas elecciones con el fin de volver a equilibrar el karma de esta época y liberarnos de las vibraciones restrictivas de temor, de poder y de culpa.

La *Escuela Atlantea* se propone ayudarlos a recuperar conscientemente la utilización y la comprensión de las herramientas que utilizaban en la Atlántida para entrar al quinto reino, el reino del alma.

Según todas las probabilidades, deberán aprender las reglas que les permitirán orientar correctamente sus esfuerzos. Estas reglas los prepararán para las grandes crisis de la conciencia que transformarán su conciencia de modo que surja al camino del servicio a la humanidad.

A la hora en que inicien una nueva vida de entrenamiento y de crecimiento, nos parece primordial responder varias preguntas que pueden hacerse con respecto a las bases sobre las que quieren construir su desarrollo. Encontramos que es legítimo que se hagan ciertas preguntas importantes y que respondamos con claridad y franqueza. Estas preguntas son las siguientes:

- ¿Cuál es el objetivo de la *Escuela Atlantea*?
- ¿Cuál es su razón de ser?
- ¿Cuál es su naturaleza y el contenido de su enseñanza?
- ¿Cuáles son los principios que rigen la preparación y la asistencia que se da?
- ¿Cuáles son los principios que animan el acompañamiento que se da?
- ¿Cuáles son mis compromisos al entrar a la *Escuela Atlantea*?
- ¿Cuáles son las características de una verdadera escuela iniciática, y a qué responde la *Escuela Atlantea*?
- ¿Cuáles son los conceptos y las ideas fundamentales que guían la *Escuela Atlantea*?

Hay siete principios rectores que rigen la filosofía de la *Escuela Atlantea* y a los cuales todo miembro elige conformarse. Los métodos y las técnicas de enseñanza y de aprendizaje varían de una escuela a otra, pero todas apuntan al mismo objetivo; revelar la divinidad que se encuentra en el Hombre y en el Universo y revelar el conocimiento de Dios, trascendente e inmanente.

Los siete principios básicos son los siguientes:

1) La *Escuela Atlantea* es una escuela de entrenamiento para los Discípulos.

2) La *Escuela Atlantea* prepara a los adultos a "pisar el Sendero de la Iniciación".

3) La *Escuela Atlantea* insiste en la necesidad de una práctica de espiritualidad en la vida cotidiana.

4) La *Escuela Atlantea* es internacional y sin ningún partido político o religioso.

5) La *Escuela Atlantea* no predica ningún dogma teológico. Simplemente enseña la Sabiduría, como lo han hecho todas las grandes Tradiciones en el transcurso de los siglos.

6) La *Escuela Atlantea* reconoce la existencia de la Jerarquía espiritual del planeta y propone ciertos métodos para acercarse o integrarse.

7) La *Escuela Atlantea* enseña que los hombres son "uno".

Ahora vamos a desarrollar estos diferentes puntos.

1) La *Escuela Atlantea* es una escuela de entrenamiento para los Discípulos.

El programa de la escuela es progresivo. El estudiante será llevado gradualmente a profundizar sus estudios, y el trabajo de meditación se intensificará en el transcurso de los meses. El programa lleva a una comprensión de la enseñanza oculta, así como de las reglas y los procedimientos que permiten el mejoramiento de la relación entre los hombres. Permite establecer relaciones justas con el alma y con la Jerarquía Espiritual, cuyo Jefe Supremo es el Cristo. Lleva al Discípulo a establecer un contacto con un Maestro de Sabiduría y con su grupo o *ashram*.

El objetivo oculto de la *Escuela Atlantea* es preparar a sus estudiantes para que sean Discípulos y pasen la Iniciación. El trabajo al que se les invita no es fácil. Se le pide al estudiante un trabajo regular y para los que no tienen suficiente motivación y aspiración espiritual se eliminan ellos mismos. Le pedimos a nuestros estudiantes perseverancia y adhesión al objetivo final: la Iniciación. Jamás incitamos a un estudiante a que continúe si no lo desea intensamente. Terminaría por desanimarse, lo que sería contrario al resultado anticipado.

El estado del Discípulo supone un corazón generoso y una mente viva. En este camino, el amor es una necesidad y una verdad de base. Toda nuestra enseñanza reposa en este postulado.

Una mente viva también es indispensable. Los Maestros transmiten sus energías a la humanidad por medio de sus Discípulos. Por lo tanto están buscando seres inteligentes que ya hayan adquirido cierto dominio de sí mismos y una disciplina espiritual personal. Los seres emotivos o místicos encontrarán otras escuelas que responderán mejor a sus necesidades y que estarán dispuestas a recibirlos.

En la base de todo trabajo de la escuela se encuentra la idea del servicio. Servir a sus semejantes es el punto común de todos los Discípulos, siendo el servicio la clave que da el acceso a la Iniciación. Por consecuencia, todos los que entran a la *Escuela Atlantea* se encuentra colocados ante un nuevo ciclo de entrenamiento. Les pedimos estudiar, reflexionar y probarse a ellos mismos que han integrado la enseñanza recibida.

Tres cosas deberán ser las principales preocupaciones espirituales de los estudiantes, durante el periodo en que pasarán los primeros grados:

– aprender a meditar;
– aprender a entrar en contacto con su alma;
– poner en práctica lo que han aprendido haciendo acto de servicio.

Durante este aprendizaje, los mismo estudiantes comprobarán qué tanto aumenta regularmente, año tras año, la comprensión del camino que lleva a la Jerarquía. Su vida será más completa y más rica. Verán abrirse las puertas a los siguientes grados con dicha y confianza, porque habrán asimilado ciertos conocimientos técnicos y teóricos y habrán establecido ciertos contactos espirituales.

Por lo tanto el trabajo preliminar habrá terminado.

2) La *Escuela Atlantea* prepara a los adultos a "pisar el Sendero de la Iniciación".

Ser adulto no tiene nada que ver con la edad de la persona. El ser, hablando con propiedad, es un adulto cuando ha realizado cierto número de integraciones que le han llevado a un equilibrio entre su cuerpo físico y vital, su naturaleza afectiva y sus facultades mentales. Se constituye entonces una "unidad" que puede llamarse "personalidad".

Al entrar a la *Escuela Atlantea*, participan en una experiencia de instrucción para adultos.

Esta experiencia tiene tres objetivos principales:

a) Cada estudiante se compromete a la obediencia oculta;

b) Cada estudiante es totalmente libre de aprovechar o no la enseñanza de la escuela;

c) Cada estudiante puede convertirse, si lo desea, en un colaborador de la escuela.

La obediencia oculta es la obediencia del hombre y de su ego a su alma. Aquí no se trata de someterse a un instructor o a una serie de doctrinas. La obediencia oculta es una reacción espontánea de la mente, con respecto a los deseos o a la voluntad del alma. Por la práctica de la meditación, el estudiante activa su sensibilidad y se prepara a ser capaz de recibir las impresiones y las directrices del alma. Al seguir la vía de la obediencia oculta, el ego se vuelve cada vez más receptivo a las exigencias y a la misión del alma.

Los colaboradores y los secretarios de la *Escuela Atlantea* jamás pretenden inmiscuirse en la vida o en el trabajo espiritual del estudiante. Los consejos se proponen, jamás se imponen. Lo que hace el estudiante con los consejos es su asunto personal. La *Escuela Atlantea* deja al estudiante en completa libertad de sus elecciones, de sus decisiones y de sus actos. La libertad es un postulado de base y una necesidad si el estudiante quiere aprender a dominarse y a crecer espiritualmente.

El estudiante puede trabajar o no. Es libre de dejar la escuela cuando lo desee. Si no estudia, no trabaja y no devuelve sus rendimientos de meditación, o también si no respeta sus compromisos financieros, la *Escuela Atlantea* puede llegar a la conclusión, después de cierto tiempo, que este estudiante no está interesado. Entonces se reserva el derecho de eliminarlo de la lista de sus estudiantes activos. Esta medida de todos modos puede ser temporal.

Por consiguiente, el estudiante es totalmente libre de su vida personal. La *Escuela Atlantea* no impone ninguna disciplina física o alimenticia. Estas elecciones son completamente personales. Pensamos que si la enseñanza dada es apropiada, los ajustes se harán de una manera natural. Sabemos que el alma que ha decidido un "camino" somete al ser a su propia disciplina. Por lo tanto nuestra labor es preparar al estudiante a conocer su alma y a obedecer sus peticiones.

Todos debemos aprender a convertirnos en Maestros, consiguiendo primero el dominio de nosotros mismos y escuchando la voz de nuestro Maestro Interno: el alma.

Por las mismas razones, dejamos a los estudiantes con la libertad de servir como ellos lo entiendan. Pueden hacerlo en cualquier grupo, en cualquier Iglesia, sociedad o actividad social. Descubrirán en la *Escuela Atlantea*, personas de todos los horizontes, de todas las convicciones religiosas o políticas, trabajando cada uno en su círculo personal. Los estudiantes más antiguos se vuelven colaboradores, instructores y secretarios para los otros estudiantes. Acompañan a los estudiantes más recientes en sus trabajos, es tan cierto que hasta que no se haya experimentado personalmente un transcurso iniciático no se puede compartir su experiencia con los demás.

El acompañamiento de los estudiantes principiantes por los más avanzados siempre es supervisado por la Sede de la escuela.

3) La *Escuela Atlantea* insiste en la necesidad de una práctica de espiritualidad en la vida cotidiana.

No se puede aplicar "la ley del embudo". No podemos estudiar las Leyes Cósmicas desarrollando el Amor Incondicional a través de todos los reinos y hacer de este estudio un enfoque meramente espiritual.

Este camino sería muy benéfico para el desarrollo de la Personalidad y del ego, pero no favorecería de ninguna manera el contacto con la Jerarquía Espiritual y el "Plan".

Estudiar y comprometerse en un camino espiritual consiste en experimentar en su vida cotidiana todos los ejercicios, todas las enseñanzas y todas las Leyes que se nos proponen. No nos piden que aprendamos, ni siquiera que comprendamos, se nos pide que hagamos y experimentemos.

Hacer, es aplicar la energía de amor transmitida por las Leyes Cósmicas por las mil y un cosas cotidianas, a la multitud de sucesos y de decisiones diarias. Hacer, es integrar el Amor Divino a nuestra vida cotidiana y volvernos así transmisores del Amor Divino. Cada uno, a su nivel, puede y debe transmitir. La Tradición nos dice que a cada escalón le corresponde un círculo de personas, al cual podemos transmitirle la experiencia que hemos integrado. Esto es, convertirnos en un "portador de la Luz".

Los estudiantes de la *Escuela Atlantea* son animados a poner en práctica cotidianamente, en el plano físico, su comprensión, su energía y su saber.

Les pedimos que encuentren la manera de hacer tangible el plano espiritual e integrar la palabra "espiritual" en sus actividades cotidianas, no estando reservada esta palabra a las acciones religiosas, a los métodos de meditación y al estudio del ocultismo. Si el estudiante no efectúa esta integración, no será más que un teórico, un místico que tiene poco sentido práctico, un idealista.

El trabajo de la *Escuela Atlantea* es fundamental y apasionante justamente porque une la verdad esotérica y espiritual a la vida cotidiana. Las nuevas escuelas iniciáticas tienen la necesidad de llevar una política de apertura y de comunicación. Para hacerlo, utilizan las herramientas mediadoras que están a su disposición para hacer que se conozca el Plan Divino a un número mayor.

El dinero percibido por los cursos, de los estudiantes, sirve para pagar el costo de las herramientas. La escuela no dispone de ningún recurso propio, ni ningún fondo permanente. Nuestros colaboradores que se encuentran en la sede de la escuela trabajan ya sea benévolamente, ya sea por un salario mínimo. Es su manera de contribuir voluntariamente al Plan.

4) La *Escuela Atlantea* es internacional y sin ningún partido político, ideológico o religioso.

La escuela se propone acompañar a todas las personas, cualesquiera que sean sus ideas religiosas, su partido político o su ideología, en *el camino de la Iniciación*. Si "los hombres son Uno", los conceptos y las ideas de un estudiante no pueden impedir comprender esta verdad y hacer contacto con su alma.

Simplemente le pedimos al estudiante que conserve un espíritu abierto y vea la vida y los sucesos planetarios como un Todo. Le pedimos que tome todos los aspectos de la vida mundial como un campo de experiencia vasto en el cual la intención divina se realiza lentamente, aunque la Presencia Divina no sea forzosamente evidente en ciertos actos. Le pedimos que vea cómo sus creencias personales concuerdan con este programa mundial y que vean si su enfoque de la verdad es inclusivo o exclusivo.

Las ideas políticas de un estudiante y sus concepciones religiosas habitualmente están determinadas por el lugar de nacimiento y las tradiciones de su familia y de su país.

En la *Escuela Atlantea* están representados los partidarios de todos los partidos políticos y de todas las religiones. Nuestros secretarios no son autoridades para entablar un debate de naturaleza política o religiosa con los estudiantes de su grupo en el transcurso de su trabajo de acompañamiento.

Simplemente pretendemos proponer una meta común: cómo servir a la humanidad y cómo aprender los métodos Tradicionales que le permiten al ser humano pasar de lo irreal a lo Real.

5) La *Escuela Atlantea* no predica ningún dogma teológico. Enseña simplemente la Sabiduría, como lo han hecho todas las grandes Tradiciones en el transcurso de los siglos.

La *Escuela Atlantea* presenta las doctrinas de base de la Sabiduría Antigua. El estudiante puede aceptarlas o rechazarlas. Simplemente le pedimos que de entrada las considere como una hipótesis.

Las enseñanzas que nos parece útil presentar son las siguientes:

a) La Jerarquía Espiritual puede materializarse en la tierra y esto se producirá. En el curso de los siglos, Dios se revela a los Hombres en una continuidad.

b) Dios es inmanente y trascendente. Los tres aspectos divinos (conocimiento, amor y voluntad) se expresan a través de los hombres.

c) Los hijos de los hombres son "Uno" y una sola Vida se expresa a través de la multiplicidad de las formas de todos los reinos de la naturaleza.

d) Una Chispa Divina se encuentra en cada ser humano. Nuestro objetivo es hacer evidente la vida divina que existe en cada hombre. La condición del Discípulo es una etapa que lleva a esta realización.

e) Es posible que todo ser humano alcance la perfección final, gracias a la acción del proceso de evolución. Pretendemos estudiar este proceso a partir de la multiplicidad de sus manifestaciones.

f) Las Leyes Cósmicas que rigen el Universo son la expresión de la Voluntad de Dios. El hombre se vuelve consciente de estas Leyes en el transcurso de su evolución.

g) La Ley de Base de nuestro universo es Amor.

La *Escuela Atlantea* propone otros temas de estudio: la reencarnación –gobernada por la Ley del Renacimiento–, la naturaleza cíclica de toda manifestación, la naturaleza y el proceso de evolución, la existencia de los Maestros y de la Jerarquía Espiritual, la naturaleza de la conciencia, con sus diferentes grados –conciencia individual, autoconciencia y conciencia espiritual– que lleva al punto culminante: la entrada al "Sendero de la Iniciación".

Estas verdades todo el tiempo se han reconocido como verdades fundamentales comunes en todas las religiones. El hombre las conoce intuitivamente. Para él, son hipótesis de trabajo, o verdades que simplemente admite en un momento de su evolución. Las verdades secundarias se perciben como detalles que completan las verdades fundamentales.

Las siete proposiciones fundamentales que acaban de ser enumeradas sirven de base en todo el trabajo de la *Escuela Atlantea*. Entonces les recomendamos estudiarlas.

6) La *Escuela Atlantea* reconoce la existencia de la Jerarquía Espiritual del planeta y propone ciertos métodos para acercarse o integrarse.

La escuela no le pide a nadie que acepte una verdad como "dinero contante". Nuestros colaboradores no emiten ningún juicio de valor y no modifican su actitud frente a ello, por ejemplo, de un estudiante que no acepte la doctrina de la Reencarnación o de otro que niegue la existencia de la Jerarquía o de los Maestros de Sabiduría.

Lo único que le pedimos a los miembros de la escuela, es estudiar con toda la objetividad su "experiencia" con respecto a tal o cual creencia, o con respecto a tal postulado citado por la Escuela. Esta información, reglas o leyes pueden ser estudiadas ya sea como verdades heredadas de las Grandes Enseñanzas, como premisas esenciales, o como hipótesis interesantes.

Le pedimos a los estudiantes que conserven este ánimo de apertura con respecto a elementos que les son desconocidos o extraños y consideren las verdades que les son presentadas como un campo vasto de búsqueda y de exploración.

Estas consideraciones se aplican evidentemente en la existencia de la Jerarquía Espiritual.

La *Escuela Atlantea* aborda esta verdad basándose en la evolución de la humanidad. Podemos considerar científicamente la existencia de esta Jerarquía como una parte integrante del proceso de evolución de la humanidad.

Este tema apenas es abordado en los primeros grados de enseñanza impartidos en la escuela, excepto que la aceptación de la existencia de la Jerarquía se sostiene en la enseñanza. Después de los grados intermedios, el trabajo de meditación del estudiante estará orientado hacia Aquellos que le dan a la humanidad la inspiración y la verdad. En los grados superiores, presumimos que el estudiante cree en los Maestros de Sabiduría y la preparación a la Iniciación puede entonces empezar.

En el intervalo, los trabajos de los estudiantes les permiten dividirse en dos categorías:

- los que creen en la existencia de la Jerarquía Espiritual, cuyo Jefe es el Cristo;
- los que todavía dudan, pero que aceptan las enseñanzas como hipótesis.

Estas dos categorías reciben las instrucciones con respecto a las reglas del "Sendero del Discípulo", reglas que, en el transcurso de los siglos, han conducido a millones de personas a la Puerta de la Iniciación.

Se enseñan las leyes y las reglas del *ashram* de un Maestro. Un *ashram* es un centro de luz y de poder espiritual en el cual un Maestro reúne a sus Discípulos para instruirles el Plan concebido para la humanidad.

Este *ashram* no está presente en el plano físico, pero en el transcurso de su trabajo personal, el estudiante será contactado personalmente en el plano etérico por un Maestro o por uno de sus Discípulos. En ese momento sabe a qué *ashram* está asociado.

La condición de "Discípulo" es un término técnico que se aplica a los que manifiestan un amor profundo por sus semejantes y que, poseyendo una aptitud para la transmisión, hacen tangible el "Plan". El estudiante que pone en práctica en su vida cotidiana estas antiguas reglas alcanzará un conocimiento personal de la Jerarquía y del Plan. Este Plan se manifiesta progresivamente, poco a poco en la evolución del Discípulo, para finalmente revelar la realidad de Dios en la Tierra.

Los estudiantes no están obligados a aplicar estas reglas o a "caminar el Sendero de la Iniciación". Pueden aceptar comprometerse en este sendero, negarse a hacerlo, siguiendo con sus estudios o también dejar de participar activamente en la vida de la escuela, algunas veces de una manera temporal. Hoy en día, estas reglas deben estudiarse por la mente del estudiante y ser establecidas científicamente por una experimentación personal. A la vista de sus propias experiencias el estudiante realizará la Verdad de estas reglas. No deben ser percibidas como lo eran antes, por lo emocional o el misticismo.

7) La *Escuela Atlantea* enseña que los hombres son "Uno".

Esta verdad es la realización absoluta para todas las personas que ponen en práctica las reglas de la vida espiritual y conscientemente se ponen bajo la acción de las Leyes Cósmicas. Nos esforzamos por darle un término a la "separatividad" y plantear las bases de un mundo nuevo, un mundo donde aparecerá una civilización fundada en el hecho de que los "hombres son Uno".

El espíritu de "separatividad" está en la base de todas las divergencias políticas, religiosas e ideológicas que han llevado a las guerras de todo tipo, económicas, filosóficas o militares.

La solución a este problema mundial reposa en la construcción de un grupo espiritual demostrando el poder de las relaciones humanas justas y expresando una unidad espiritual fundamental.

Este grupo insistirá en los puntos comunes y no en las divergencias. Se esforzará por colaborar con todos los demás grupos, sin perder por esto su individualidad y su integridad. Reconocerá en los estudiantes la libertad de trabajar en otras asociaciones o en sociedades de todo tipo y de cualquier naturaleza.

El Camino no es fácil. Todos tenemos momentos de duda o de desaliento. Pero todos podemos trabajar para mejorar el mundo y la acción de cada uno es la que llevará a este mejoramiento. Es el fin hacia el cual todos tendemos.

Bibliografía

Más que darles la lista de muchas obras que me ayudaron a redactar este libro, prefiero recomendarles una serie de títulos que pueden ayudarles a profundizar ciertos aspectos del trabajo propuesto.

BAILEY, Alice A., *La guérison ésoterique,* Lucis. (La sanación esotérica).

BAILEY, Alice A., *La lumière de l'âme,* Lucis. (La luz del alma).

BAILEY, Alice A., *Lettres sur la méditation occulte,* Lucis. (Cartas sobre meditación oculta).

BAILEY, Alice A., *Traité sur la magie blanche,* Lucis. (Tratado de magia blanca).

CHAZAUD, Jean du, *Ces glandes que nous gouvernent,* Editions Équilibres. (Estas glándulas que nos gobiernan).

CHOPRA, Deepak Dr., *Le corps quantique,* InterÉditions. (El cuerpo cuántico).

DEUNOV, Peter, *Le testament des couleurs,* Télesma. (El testamento de los colores).

GIMBELS, Théo, *Les pouvoirs de la couleur,* J'ai Lu New Age. (Los poderes del color).

KABALEB, *Le Grand Livre du Tarot Cabalistique,* Editions Bussière. (El Gran Libro del Tarot Cabalístico).

ROBERTS, Jane, *La réalité personnelle, votre corps, sculpture vivante,* Editions de Mortagne. (La realidad personal, su cuerpo, escultura viviente).

ROBERTS, Jane, *La réalité personnelle, une vision de l'au-delà,* Editions de Mortagne. (La realidad personal, una visión del más allá).

TÍTULOS DE ESTA COLECCIÓN

Impreso en los talleres de
Trabajos Manuales Escolares,
Oriente 142 No. 216
Col. Moctezuma 2a. Secc.
Tels. 5 784.18.11 y 5 784.11.44
México, D.F.